K. X. Roussel

par Lucie Cousturier

M.M. Bernheim Jeune, Éditeurs d'Art,
83, Faubourg Saint-Honoré Paris (VIIIᵉ)

K.-X. Roussel

En souvenir de Lucie Cousturier
peintre et écrivain — 1876-1925

LUCIE COUSTURIER

K.-X. Roussel

PARIS

BERNHEIM-JEUNE, ÉDITEURS D'ART
83, Faubourg Saint-Honoré, 83

PAGE DE DESSINS
(Croquis divers)

Ce livre est l'œuvre dernière d'une femme de grand talent — talent
de peintre, talent d'écrivain — que la mort est venue ravir aux lettres et
à l'art le 16 juin 1925, Mme Lucie Cousturier, qui exposait notamment au
Salon des Artistes Indépendants, peignait des fleurs, des nus, des paysages.
Et puis, elle écrivait. Ayant accueilli chez elle, en 1918, les tirailleurs noirs
que les hasards de la guerre avaient conduits en France, elle leur dédiait
en 1920 un émouvant livre, Des inconnus chez moi. Un peu plus tard,
ayant voulu voir vivre chez eux ces « inconnus », elle ne reculait pas
devant les fatigues d'une longue mission en Afrique occidentale fran-
çaise. Deux autres livres allaient rassembler ses impressions de mission-
naire : Mon amie Fatou, citadine, et Mon ami Soumaré, laptot (1925).
Elle rapportait de ce voyage, en outre, de nombreuses notations à l'aquarelle, prestes et nerveuses. Entre temps elle avait publié deux ouvrages de
critique d'art, consacrés à Seurat et à Signac. On a lu d'elle, aussi, dans
une revue, de pénétrantes études sur Cross et sur Bonnard.

MM. Bernheim-Jeune vouaient une haute estime à Mme Lucie Cousturier, et, de son vivant, ayant acquis de sa peinture, ils ont voulu rendre
hommage à sa mémoire en offrant un de ses tableaux au Musée de La
Réunion. La place de la publication posthume que voici était donc dou-
blement marquée dans les Editions d'art Bernheim-Jeune. Il est à peine
besoin de rappeler, en effet, que de tout temps la maison Bernheim-Jeune
fut directement attachée à la carrière artistique de K.-X. Roussel. Les
galeries Bernheim-Jeune, depuis de longues années, ont vu se succéder
toutes les expositions de cet artiste qui, à l'exemple d'Edouard Vuillard,
à qui l'unissent d'étroits liens de famille, ne se dispersa jamais en de
vaines manifestations.

I. — Préliminaires.

En 1895 vivait à Passy une très étrange vieille créature féminine, dernière fée caduque des derniers bois de lilas légendaires de ce quartier.

Elle était presque inaccessible. Riche et titrée, mais revenue des vanités mondaines, elle ne fréquentait que sa bonne et son épicière. Il fallut la persuasion de celle-ci, fournisseur commun d'un café exquis, pour que je fusse agréée dans son minuscule château renaissance dissimulé par les fameux lilas, les cèdres et les paulownias centenaires, ses contemporains.

Elle habitait moins ce petit palais qu'elle ne s'y reposait, elle n'y passait le plus souvent que les nuits, tandis qu'elle passait ses journées — on peut dire sa vie — dans son grand palais, qui n'était autre que celui du Louvre. Mais de celui-ci dans celui-là elle transportait, afin qu'ils s'unifiassent dans son cœur, son royal contenu : l'art des maîtres.

Sa résidence particulière s'ornait donc, quand j'y fus admise, d'une

importante galerie de peintures : ses œuvres, d'après les chefs-d'œuvre
de notre musée national. On y voyait la Sainte Famille de Raphaël,
l'Antiope du Corrège, les Pèlerins d'Emmaüs, la Joconde, Sainte Anne,
tout ce qui, enfin, à l'exception des toiles de trop grande dimension, cons-
tituait le Salon Carré, salon d'honneur de la peinture mondiale.

Avec enthousiasme, avec abandon, la fervente copiste évoquait devant
moi les succès ou les déceptions que sa longue carrière lui avait valus.

— Vous verrez, vous verrez, mon enfant, conclut-elle, quels tour-
ments, mais aussi quelles grandes joies vous éprouverez en passant par
où je suis passée moi-même pour arriver à faire tout cela !

Mais moi, vibrante encore de l'émoi que m'avaient donné, le matin
même, des essais d'aquarelle d'après une rose, je questionnai avec l'étour-
derie de mes treize ans :

— Vous n'avez jamais fait de tableaux d'après nature ?

— D'après nature ? répéta la dévote des maîtres pour se donner le
temps de rassembler ses idées sur un sujet aussi inattendu, oui... je
sais... il y a des peintres qui ne font pas tous leurs tableaux au Louvre...
mais ce n'est pas sérieux : est-ce qu'ils veulent faire mieux que Raphaël?

Au moment de mon départ, — sans doute lui avais-je plu, — elle
m'invita :

— Je vous donnerai des leçons si vous voulez; ici, pour commencer,
vous seriez plus tranquille qu'au musée... et ce sont, d'ailleurs, les mêmes
tableaux...

Il ne faut pas se hâter de dire que cette femme était folle, puisque
son opinion est, aujourd'hui encore, partagée par la masse du public,
par la plupart des critiques d'art, et même des peintres, lesquels, en
extase, eux aussi, devant tous les salons carrés du monde, estiment qu'il
existe un faîte de l'art d'où l'on ne peut que redescendre quand il est
atteint. Et dès lors ce sont ces critiques, c'est tout le public qui prouve
sa folie en refusant de prendre conscience de son sentiment et de
conclure logiquement comme la vieille dame à la vanité de nouvelles
recherches.

La folie, l'incohérence des juges en matière d'art est d'ailleurs com-
plexe. Certains regrettent dans l'art moderne ce qui le différencie des

HAMEAU DE LA MONTAGNE, L'ÉTANG-LA-VILLE
(Mars 1903)

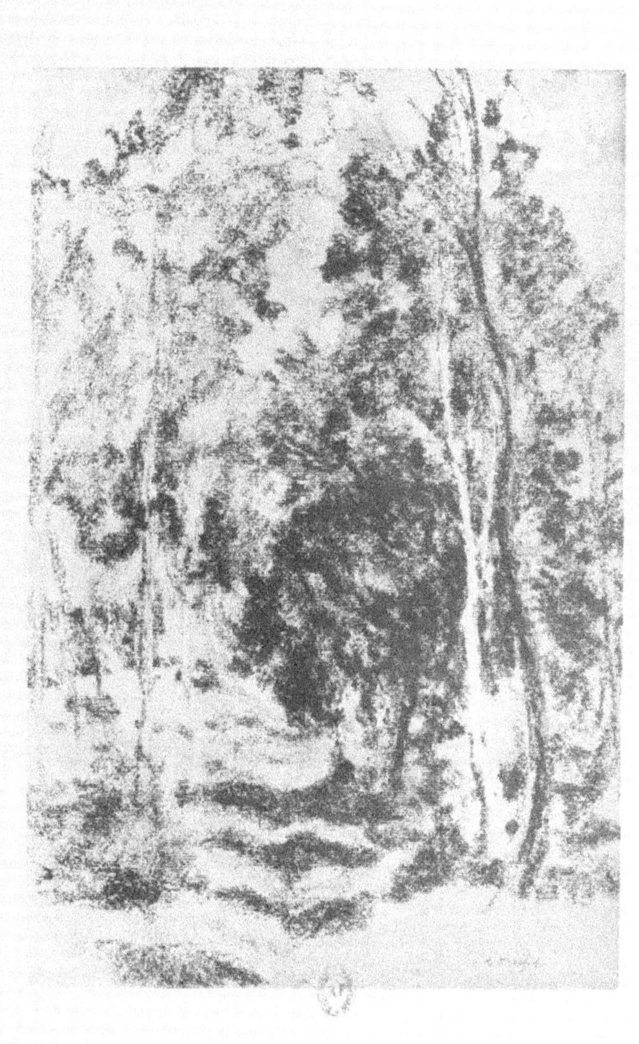

classiques compositions et préféreraient néanmoins aux meilleures copies du Vinci et au Vinci lui-même, pour orner leurs salons, des œuvres d'Henri-Matisse.

D'autres traitent de barbouillages les productions récentes, mais ne savent à quelle époque limiter la peinture sérieuse.

Tels, qui se satisfont pleinement dans leur âme de l'art photographique, s'autorisent, contre l'invention, des côtés négatifs des œuvres originales, alors que d'autres, qui n'apprécient que la personnalité, souhaitent à tous les artistes un métier traditionnel. Il en est aussi qui, plutôt que de mettre en doute la divinité de la tradition — disons italienne, — y rattachent bon gré mal gré, pour les sanctifier, leurs favoris modernes les plus dissidents, Renoir ou Seurat, ou Picasso même.

La critique d'art, dans son état actuel, est donc le plus parfait exemple de la confusion des langues. On y parle, d'une part, de métier; d'autre part, de rendu, ou de construction, ou d'invention, ou de tradition. Et non seulement chaque juge en est arrivé à se servir de mots différents pour définir le même art, mais encore certains mots en passant dans plusieurs bouches y prennent des valeurs distinctes, et parfois contraires. Il se pourrait, par exemple, qu'en voulant faire ici l'éloge de la peinture de Roussel, je me serve d'expressions qui la déconsidéreront auprès d'autres personnes. Il en résulte que parler d'art n'est une réalité pratique qu'entre quelques individus, trois ou quatre au plus, ceux dont la communauté de pensée, les relations ininterrompues permettent de stabiliser un même vocabulaire d'esthétique. Dans tous les autres cas, une conversation sur la peinture n'est qu'un ridicule quiproquo.

On a l'habitude peu généreuse d'accuser de cet état de choses, sans en avoir cherché l'origine, les historiens d'art. On leur dispense largement l'incompréhension, l'orgueil, la sottise. Les peintres, notamment, ne les épargnent pas. Et le public prend le parti des peintres, sous le prétexte que ceux qui pratiquent un art, un métier, sont les mieux placés pour en parler. Le public aurait raison si les peintres pratiquaient en effet un même métier, un même art; mais ils ont chacun un métier différent et possèdent de l'art une idée différente sinon opposée. Ils ne se comprennent guère mieux entre eux que leurs juges ne les comprennent et leurs conclusions et leurs théories, quand ils écrivent, diffèrent fort entre elles.

Pourquoi, dès lors, parler peinture, dira-t-on, et surtout en écrire ? Cinquante pages même sérieusement rédigées sur un croqueton de Roussel ne sauraient en apprendre ce que sa vue donne à l'instant. La critique est à supprimer; on se demande comment elle persiste et je devrais m'arrêter là. Mais peut-être la critique d'art n'a-t-elle tous les torts que parce qu'il est admis *a priori* que la peinture, divine en sa source, n'en a pas. Il serait temps que l'on cessât d'accorder ce privilège scandaleux à la peinture contre la malheureuse critique. Comme présomption contre la peinture s'impose, à mon avis, ce fait : elle est le seul sujet qui fasse dire des bêtises à tout le monde. Les historiens d'art ne sont donc pas forcément des imbéciles, puisque les gens du plus d'esprit disent à leur place des âneries dont ils se gardent en parlant de science, de politique ou de philosophie...

Il en résulte ces préceptes, généralement répandus : Il est dangereux de parler peinture quand on manque d'éducation spéciale... Savoir apprécier la peinture n'appartient qu'à une infime minorité...

Et pourquoi ne serait-il pas aussi légitime de parler de peinture que d'autre chose ? Cette étrange limitation de la conversation à son endroit aurait dû faire soupçonner la nature malsaine et comme vénéneuse du sujet. La peinture, en effet, empoisonne l'esprit des spectateurs non prévenus parce qu'elle est presque fatalement impure, son vice initial étant de se mélanger à n'importe quoi si l'on n'y prend garde.

Il en est des matières intellectuelles comme des autres. Certaines n'ont pas la propriété de se mélanger, de se dissoudre, et d'autres l'ont au suprême degré. Dans la peinture, on verse tout ce qu'on veut et chaque substance s'y fond à ne l'en pouvoir distinguer. La honte de la peinture est son affinité pour toutes choses : c'est une grande prostituée.

Dans la littérature on met de tout aussi, mais les éléments s'y remarquent, dissociables; tandis que dans la peinture on peut verser de la science, de l'architecture, de la littérature, de la musique, de la photographie, de la philosophie, de la pornographie, de la morale, de la statuaire, du sport, de la politique, etc... Tout, combiné, s'y perd, comme dans un creuset diabolique.

LE GRAND ARBRE

C'est ainsi que la peinture ne pouvant guère se rencontrer que sous la forme d'une de ses diverses falsifications, chaque personne a pu s'en faire une idée personnelle selon ses goûts, ses besoins ou son imagination troublée.

Si elle eût pris conscience de cette particularité de l'art pictural, la critique eût trouvé sa tâche tout indiquée : analyser toutes les œuvres pour en dénommer les éléments. Mais elle partit de cette donnée empirique que les œuvres de la Renaissance sont parfaites. Pourquoi les italiennes ? Pourquoi pas les chinoises ? les égyptiennes ? les persanes ? Par persuasion naïve, notre critique étant née de la culture gréco-latine. Elle a regardé la peinture italienne, comme un chimiste ignare, estimant pures nos pièces d'argent, tirerait de là des conséquences.

Depuis peu, ici, quelques gens inquiets rejettent soudain toutes les œuvres classiques. C'est une rigueur excessive : le fait que nos musées ne nous offrent guère de peinture pure ne signifie pas qu'ils soient inintéressants; des alliages peuvent être très intéressants et même fort beaux; il suffit de connaître leur titre; il suffit de savoir, pour en parler, de quoi on parle, et de ne pas estimer, je suppose, un tableau plus noble parce qu'il s'alliera à l'architecture, ou un autre plus parfait parce qu'il s'aidera de la photographie. Ils ne sauraient être comparés.

Quant à la recherche de cette peinture pure, que l'on s'accorde à reconnaître dans Cézanne, elle serait facilitée si l'on changeait son nom, qui la fait confondre avec le revêtement d'un banc de jardin, en celui de poésie picturale. On pourrait dire de même, la poésie sculpturale, architecturale, verbale, etc.

Au lieu du mot « art », trop souple, le mot « poésie » indiquerait plus précisément ce qu'il y a d'essentiel dans les œuvres : les images. La poésie, l'image, est ce qui ravit le public dans les lettres et ce qui l'irrite dans la peinture. Le public admet que Mallarmé fasse

Neiger de blancs bouquets d'étoiles parfumées,

mais il n'admet pas que Roussel évoque à nos sens par de multiples lianes de couleurs le flamboiement glorieux de la chair.

Aux seuls dessins sont accordés les mêmes privilèges consentis aux

vers, sous prétexte que, la monochromie les privant des moyens matériels
d'imitation, il peut leur être pardonné bien des ruses. On supportera
donc facilement que le crayon d'un maître trace des boucles comme
celui des enfants pour suggérer l'idée de la fumée, ou des festons pour
exprimer la succession des phalanges des doigts; mais la peinture étant
supposée en possession des moyens complets d'imitation, de moyens dits
« naturels », — parce qu'elle use de vert pour faire un arbre vert, — on
en a conclu qu'elle devait aboutir à des créations de même sorte que la
nature.

On n'a pas remarqué que M. Puech avec le moyen artificiel du
marbre monochrome donne naissance à des personnes fort naturelles
qu'on regrette de voir privées de la circulation de leur sang.

On n'a pas compris que les beaux-arts, jeux de l'esprit, ne doivent
produire que des créatures artificielles, quels que soient d'ailleurs les
moyens employés : artificiels ou naturels.

Qu'une poupée soit faite avec des laines et du carton ou avec des
cheveux et de la vraie peau, qu'importe ? pourvu qu'elle ne ressemble
pas à un macabre faux poupon.

Qu'une peinture de Roussel soit faite avec le ton bistre du carton
et deux tons de pastel ou avec la palette nombreuse de la nature elle-
même, qu'importe ! pourvu qu'elle ne nous fasse reprendre contact avec
son sujet que sur des points légers où notre sensibilité le ressaisira comme
on ressaisit une âme ou un papillon par les ailes.

La poésie et ses images sont aux autres éléments des œuvres, pour
ceux qui savent lire, regarder, écouter, ce que l'or est au minerai qui le
renferme. Les époques primitives d'art sont des minerais riches en or, en
poésie; les époques qui suivent sont pauvres en poésie, lourdes de science.
Pour que la nôtre fût si avide de retrouver les sources de la poésie picturale, il a fallu que l'affolât l'horreur d'une disparition presque complète.

A l'égal de Verlaine, Baudelaire, Mallarmé, Rimbaud, créateurs de
pure poésie verbale, Cézanne, Van Gogh, Degas, Seurat, Cross, Renoir,
pour ne citer que des morts, sont de grands poètes picturaux.

Et Roussel est aussi un très beau poète. Ce qu'il nous donne à
regarder, ce n'est pas ce qu'il nous dit : des terrains accidentés recouverts

ESQUISSE DU RIDEAU DU THÉÂTRE DES CHAMPS-ELYSÉES

inégalement d'herbes, d'arbustes et d'arbres élevés, de soleil et d'ombre. C'est un grand corps musclé et frémissant d'amant ou de faune, qui tour à tour gonfle ou plisse un manteau roux ocellé de noir.

Et ce ne sont pas la mer et le ciel qu'il peint, ce sont des jeux lumineux de cristaux, ou des faisceaux de regards clairs qu'il rassemble et qui ont, entre eux, une manière d'être bleus, unique.

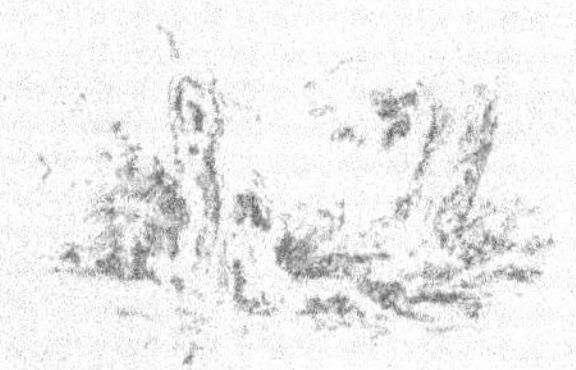

ESQUISSE POUR UNE DÉCORATION À WINTERTHUR
(1917)

2. — Premières relations.

J'ai rencontré la peinture de Roussel pour la première fois en 1899 en me promenant certain après-midi, rue Laffitte.

Elle s'offrait sous l'aspect de crayons et de pastels, cette fois-là. Personne ne me l'avait présentée, mais je l'ai aimée dès le premier instant; je ne peux pas dire que je l'ai admirée et louée; j'étais petite, elle ne m'en avait pas imposé. Je ne savais saluer et vénérer que les tableaux qui sont dans les musées. La peinture de Roussel ne m'apparaissait pas comme un personnage : si la salle n'eût été gardée, je l'aurais volontiers déplacée, sans respect et même emportée familièrement sous mon bras, tant il me semblait qu'elle dût être en plus grande confiance et sympathie avec moi qu'avec des hommes graves. La pensée d'user de familiarités pareilles ne me fût point venue avec d'autres peintures. J'étais gênée un peu devant la peinture de Cézanne, robuste et brusque, comme en présence d'un garçon; celle de Renoir m'aurait intimidée comme une très jolie femme; tandis que je ne m'étais même pas demandé qui était la peinture de Roussel. J'étais entrée dans ses artifices, dans ses rythmes,

aussi facilement que dans une farandole. J'éprouvais en la regardant,
l'allégresse puérile que donne le spectacle de petits chats qui jouent. Elle
me suggérait le velours de leurs pelages, leurs bonds, leurs caresses. Elle
me restituait, comme eux, l'idée d'une expansion individuelle impérieuse
que la vie sociale restreignait ailleurs.

Je vis la peinture de Roussel se développer chaque année dans sa
grâce animale si étrange; mais on feignait autour de moi de la trouver
sage, polie, parce qu'elle disait, — avec quelle espièglerie ! — d'après ses
sujets : je suis traditionnelle. On lui répondait : vous êtes bien aimable,
— et on ne pensait plus à s'offusquer de sa sensualité; on pensait si peu
à s'en défendre qu'on ne parlait pas beaucoup d'elle. Il est vrai qu'elle

se montrait peu. Ce n'est point aux
salons, ni aux vitrines des marchands
qu'on pouvait la surprendre; elle
vivait cachée, si sauvage que lorsque
je la rencontrais dans des maisons
amies, quelquefois, je croyais me
régaler de noisettes, en la chérissant.

La peinture de Roussel était pa-
reille à un printemps de mars lorsque
je l'avais découverte en 1899. Quelques fraîches pousses de couleur sur

du papier gris ou d'autres subjectiles, évoquaient le premier éveil de
ces campagnes des environs de Paris où le sol labouré et les branches
nues se constellent des premières explosions de la sève. Et puis, il poussa
de la peinture partout sur les toiles; d'abord légère et de nuances tendres
comme dans un mois de mai, et puis cette peinture s'épaissit, mûrit,
comme aux temps des moissons; enfin elle se gonfla des pâtes coulées
directement des tubes, éclatantes comme les pulpes automnales des fruits.

Aujourd'hui sa matérialité voluptueuse est telle qu'il ne me semble
pas que je la vois, mais que je la touche physiquement, il ne me semble
pas que j'en garde le souvenir, mais que je la porte, mon front incliné
sous ses bleus et mes mains lourdes de ses rouges pourpres et de ses
vermillons.

ESQUISSE POUR LA « NOURRITURE DE JUPITER »
(1902)

3. — Matière.

Quand on étudie les premières œuvres de Vuillard, Bonnard, Roussel, Vallotton, Denis, on leur reconnaît une parenté. Il y a des instants où une nature morte de Vuillard et de Roussel, de Bonnard et de Vuillard se touchent. Mais comment ? Ce n'est pas par leur personnalité. La gravité de la poésie de Vuillard, un peu douloureuse, l'acuité gaie, la sensualité de celles de Bonnard, de Roussel restent toujours distinctes. Ce qui apparente les œuvres, c'est leur exploitation d'un même moyen nouveau qui les fait bénéficier de ressources semblables. Ce moyen nouveau, cette invention, est cette broderie sur cartons gris avec des couleurs mates ou à l'huile, inaugurée par Vuillard, et dont le métier, en favorisant une extrême intimité de tons profonds accrue par de brusques éclats de teintes, a mis en émoi de nouvelles régions de notre sensibilité

Même lorsqu'il ne fera plus jouer des fonds gris de papier ou de carton, Roussel gardera ses premières acquisitions. Ses tableaux et ses décorations se composeront toujours d'une sorte de trame riche où une

conversation assourdie en chuchotement s'établit entre des tons graves
de chairs, de terres, de troncs d'arbres, de fonds de bois. Trame robuste
et chaude sur laquelle se plaque çà et là l'éclat cru d'une teinte pure
d'étoffe, de fleur ou d'eau. On dirait de turquoises, de béryls, de grenats
rehaussant une chair ambrée ou de complexes orfèvreries.

Une poésie nouvelle est libérée par la science de ce jeu. Le procédé
a favorisé l'expression poétique. Celle-ci, une fois née, a ses exigences
matérielles qui obligent le peintre à lui recréer, sur toutes les surfaces et
par n'importe quels procédés, de favorables conditions pour s'épanouir.
Ces conditions favorables, cette logique de l'aspect matériel de la surface
avec le sentiment exprimé, pourrait s'appeler la « matière d'un peintre »
ou ses artifices, ce qu'il ne faudrait pas confondre avec le terme général
de « belle matière », lequel est synonyme de consistance, d'épaisseur
garante de solidité, de durée.

Il y a des peintres qui ne consentent pas à faire cette distinction;
ils prétendent qu'il n'existe qu'une matière, parce qu'il n'existe qu'un
métier, celui de la peinture à l'hui e par excellence, qui fait le mieux
valoir les ressources de la couleur ainsi préparée, le métier de Rubens
avec ses dessous, ses glacis, ses pâtes, ses jus transparents. Mais on
aurait tort, précisément, de vouloir aujourd'hui, faire de la peinture
à l'huile; on l'a compris et on n'en fait plus. On a compris qu'il
faut créer, même avec des substances identiques, des procédés nouveaux incitant l'artiste à trouver de nouvelles formules d'art. Précurseurs
de Picasso, qui demande des suggestions nouvelles à des assemblages de
cartons découpés, les « tachistes » dont je parle, et les pointillistes en
rompant avec les habiletés séculaires, en reniant la religion de l'huile,
ont affranchi et multiplié la peinture. Ils l'ont fait bénéficier des mêmes
privilèges que possède le dessin, permettant d'en saisir, des doigts, pour
ainsi dire, les éléments, les signes, la prouvant décomposable, démontable
comme une créature artificielle, — un joujou, plutôt qu'un tableau.

Cet artifice original, cette « matière du peintre » se retrouve dans
toute sa production. Toutefois, lorsqu'on compare les peintures à l'huile
de Roussel avec ses pastels et ses tempera, on remarque que l'expression
des formes se modifie d'une substance à l'autre. La peinture à la colle

LE DRAGON DES HESPÉRIDES
(Dessin pour une décoration de M. ....)
(19..)

telle qu'il l'exécute sans repentir, permet, par exemple, les longs glissements du pinceau que la peinture à l'huile, qui s'épaissit et se hérisse en se reprenant, ne permet pas.

Il en résulte dans le premier cas une écriture en boucles, en déliés et pleins alternés, en grandes hachures, qui prend de l'importance dans l'apparence des formes où elle fait prédominer les courbes, parfois, à la manière des caractères arabes. Néanmoins la « matière du peintre » reste sensible à travers les écritures. L'eau, le pastel, la colle, l'huile en donnent des traductions diverses, sans l'annihiler, elle est inhérente à la personnalité; en grande partie, elle la constitue.

Au contraire, la « belle matière » suppose une propriété, une qualité étrangère, extérieure à l'artiste; elle est, à une moins belle matière, ce que le chêne ou l'acajou est au peuplier, en menuiserie.

Il est évident que, dans leur acheminement vers l'épaisseur des pâtes, les artifices du peintre perdront tout caractère de chance. L'artiste, en les installant durablement, affirmera leur singularité. Réciproquement, la recherche de l'expression amène inconsciemment à la « belle matière ». Quand on vient à la louer chez Roussel il se défend de l'avoir cherchée.

— Je n'y pense jamais, dit-il; elle vient toute seule, tandis que je travaille, et c'est seulement quand l'expression est atteinte, que la matière est parvenue parallèlement à son maximum de densité et de puissance. Densité, puissance utiles à cette expression et non cherchées pour l'amour d'elles-mêmes.

Mais Roussel convient que c'est au fur et à mesure de l'enrichissement de la matière que se présentent les chances d'une expression toujours plus originale dont il profite. Ainsi ce n'est pas le peintre qui travaille sa matière, c'est elle, au contraire, qui agite le peintre par ses suggestions et le pousse à réagir sur elle en affirmant ses artifices jusqu'à l'apogée de sa splendeur à elle et l'ultime expression de son émoi à lui.

Il y a des peintres qui parlent de lutte avec la matière rebelle; on peut être assuré qu'ils sont de médiocres peintres; ils sont ceux qui ont des exigences contradictoires ou qui aspirent à un moyen mécanique d'imitation. Pour Roussel la matière n'est jamais rebelle puisqu'il ne se base que sur ce qu'elle lui a déjà donné pour lui demander autre chose.

Loin d'entrer en conflit avec elle, il va au-devant de ses exigences. Il dit pittoresquement lui-même que le peintre et sa matière collaborent à l'œuvre commune en confiance, comme un bon ménage. Si elle lui interdit de délimiter le corps de ses personnages, d'indiquer leurs prunelles, et le nombre habituel de leurs doigts de pieds et de mains, c'est que le caractère pour ainsi dire flamboyant des images picturales de Roussel s'y oppose. Il n'y aura, dans ces omissions, ni imprécision ni faiblesse, car la précision de Roussel est de défaire, justement, les pieds et les mains, quand, par malchance, ils se trouvent faits comme chez le Poussin.

SOMMEIL DE DIANE
(1921)

4. — L'atelier.

On ne peut avoir une idée de la puissance de Roussel quand on n'a pas vu son atelier. On ne peut pas comprendre tout à fait le peintre quels que soient ceux de ses travaux que l'on connaisse, on ne peut pas comprendre tout à fait sa peinture, quand on n'a pas vu sa palette, ou le troupeau de ses pots de couleurs a tempera et la foule des subjectiles.

Le haut atelier est éclairé d'un côté par le ciel et la campagne de l'Etang-la-Ville, qu'il domine; et des trois autres côtés, par de vastes tableaux en train : de sorte qu'il n'y a pas de murs. D'ordinaire, dans un atelier situé comme celui-là, il est dangereux pour l'artiste que l'on vienne à comparer sa production avec la vie proche. Ce n'est pas une question de génie, c'est une question d'effectivité. Quelle que soit la supériorité d'un tableau au point de vue humain, il ne lutte ordinairement pas en ampleur, en solidité avec la nature.

Mais dans l'atelier de Roussel on a l'impression inverse. C'est à droite, quand on a le vitrage à sa gauche, que s'élèvent, que se multiplient une forêt, un sol, un ciel, une mer profonds, riches, complexes, qui semblent devoir absorber le panorama de l'Etang-la-Ville comme une tremblante goutte d'eau.

Ce ne sont pas les seules dimensions des tableaux, leur nombre, leur coloration qui impressionnent si grandement; ce sont surtout leur insistance, leur homogénéité sentimentale qui les assènent, cohérents et drus, sur le spectateur. C'est une des particularités de cet atelier que les œuvres n'y poussent pas une à une, çà et là mais par touffes. On reste confondu que puissent se reproduire si promptes, si fournies, après les livraisons, de nouvelles moissons de toiles. Du moins on en resterait confondu si on ne connaissait pas Roussel; mais quand on l'a vu au milieu de son atelier, on ne s'en étonne plus, tant il possède le type des légendaires créateurs. Son attitude est même plus expressive de fécondité que celle des autres enfanteurs de mondes qu'on a pu représenter assis, ce que Roussel ne permettrait pas. Il ne paraît pas découpé, articulé comme les autres personnes, celles qui ont à se déplacer ou à s'étayer. S'il possède des bras, des jambes par solidarité humaine, cela n'est pas apparent et sa belle barbe chaude qui va s'élargissant vers la poitrine pour unir le buste au menton semble même écarter les chances de torsion du cou et ajouter à cette impression que le corps n'existe que pour servir de tranquille support au beau visage rayonnant.

Quand Roussel parle, il ne remue pas la tête, ni les lèvres, du moins je ne l'ai pas aperçu; il remue un peu la main droite dont il joint le pouce à l'index et il remue surtout les yeux, ses yeux très bleus qui semblent teinter sa voix et toute sa conversation.

C'est comme il parle, comme il colore sa palette, qu'il amorce ses œuvres : légèrement. Un petit croquis sur un page d'album d'abord, puis sur un autre subjectile plus large, seront deux lueurs de la même pensée qui s'amplifie. Puis, de proche en proche sur des surfaces de dimensions diverses, peuplant une région de la salle jusqu'au plafond, jailliront en noir, en couleurs, en bistre rehaussé, d'autres formes issues de la même inspiration. On dirait d'un incendie qui se propage.

Les personnes qui fréquentent l'atelier de Roussel s'étonnent, s'effraient de ses incessants renouvellements d'expressions que nous

LE PRINTEMPS (PANNEAU DE BOUCHER)
Musée du Louvre

jugerions parfaites; c'est que Roussel fait abstraction de ce qui nous comble, mais ne lui coûte rien, la personnalité, pour ne tenir compte que de degrés de clarté, pour nous insensibles, de ses phrases picturales. Ainsi ce n'est pas seulement par vingt esquisses de toutes tailles qu'il atteindra le tableau de dimension définitive; c'est du grand tableau même une fois réalisé qu'il repartira vers d'autres possibilités d'expression. Gigantesque travail, exténuant pour tout autre peintre, mais qui vaut à Roussel la maîtrise, l'infaillibilité qui le caractérisent malgré qu'il les dénie. C'est pendant le cours de ces expériences que le peintre, sinon l'objet mystique de ses recherches, s'est trouvé. A travers des formats divers, des matières, des formes diverses, sa personnalité s'est épurée de tout élément étranger jusqu'à l'irréductibilité de la palette.

Elle est là, matériellement, au milieu de l'atelier, quand j'y pénètre en 1913, cette palette de Roussel, le seul meuble apparent de la pièce, monument plutôt. Son poids et sa surface tumultueuse évoquent déjà à la main, aux yeux, la prodigalité, le faste d'une création; mais rien de notre bon Dieu banal. Je connais bien la palette aimable et bavarde qui a fait les ciels de lin et les champs de coquelicots pour tout le monde. Concise, celle de Roussel ne lui ressemble guère. Son cobalt et son outremer ne sont pas faits pour les moineaux, son vermillon cruel qui détruit l'arbre devant la chair, son blanc frigide, son rose aigu comme l'acier tueraient nos promeneurs bourgeois et placides, car ils ne vivifient qu'un monde frénétique de luxure et de spiritualité.

L'AUTOMNE (PANNEAU) DE GAUCHE
(Musée de Winterthur)

ESQUISSE D'UN PROJET DE PANNEAU
POUR UNE DÉCORATION DE L'HÔTEL ROSENGART
(1925)

5. — Théâtre des Champs-Élysées.

Quand je revis Roussel, sa palette était remplacée par une jolie famille de petits pots de peinture à la colle ou «a tempera». Je les aperçus pour la première fois campant au pied de la haute muraille de toile qu'est le rideau du théâtre de la Comédie Montaigne que Roussel était chargé de décorer.

Juché sur une échelle, envolé, minuscule, perdu en plein ciel de la peinture, en plein enfer plutôt, d'après ce qu'il m'apprendra, son extérieur n'a plus le prestige que je lui ai vu dans son atelier. Là-bas, sous le ciel argenté de cette belle région de l'Ile-de-France, son œil, je l'ai dit, prenait une importance énorme : il semblait être la source naturelle de tous les bleus épars sur la campagne et sur les murs. Dans la salle du théâtre, au contraire, ses yeux, sa barbe, la coloration de son beau visage régulier, unifiés dans la lumière rougeâtre, son corps épaissi par un costume qui le préserve de l'atmosphère glaciale, maculé de la tête aux pieds par les éclaboussures de ses gros pinceaux, il semble moins un peintre qu'un aspect de la peinture elle-même surprise en mouvement.

Roussel m'a raconté tout de suite son conflit avec les éléments de son grand ouvrage :

— J'avais pris note du caractère de la salle, je savais à quelle intensité dans les colorations me poussait l'obligation de surmonter une ambiance rouge. Je fis une esquisse sur des données joyeuses : les verts assourdis d'une haute futaie, un fond bleu de mer provençale projetaient en avant l'éclat d'un premier plan rouge et orangé que le cortège de Bacchus justifiait. Mais mon espoir fut cruellement déçu. Au lieu des projections directes sur lesquelles je comptais, l'éclairage de mon rideau fut constitué par les reflets rougeoyants épars dans la salle et lorsque ma grande toile, après mise au carreau, fut couverte elle-même conformément à l'esquisse, et mise en place, un trou noir s'y creusa au lieu de la mer et les chaudes tonalités de mes figures s'éteignirent. Rempli, certes, de douloureuse surprise, mais aussi de curiosité, j'apportai aussitôt dans l'atmosphère hostile pour la confronter avec elle, la gamme qu'elle avait perturbée; puis j'en constituai une autre, réglée cette fois avec l'ambiance : ce sont les petits pots de couleur à la colle que vous voyez-là.

Roussel me désigna l'un des récipients :

— Que pensez-vous de cette couleur-ci ? me demanda-t-il.

— Un gris clair, assurai-je.

Il me le porta au grand jour. C'était un bleu de cobalt pur.

— Et celui-ci ? questionna-t-il en touchant un autre petit pot de couleur fluide.

— Du blanc.

C'était un cadmium orange anéanti par l'éclairage. Roussel avait dû repeindre entièrement son paysage avec des verts émeraude, des rouges, des orangés rouges. Il en naquit, sur un rideau d'arbres troué par la mer lointaine, une élégante et légère colonnade de jeunes corps dansants, enguirlandée de pampres mûrs, de draperies ardentes envolées, de robes souples de panthères. Il en résulta une œuvre enfin colorée et sereine et un peintre plus que jamais épris de son métier et avide d'en connaître toutes les ressources, fût-ce au prix des plus périlleuses aventures.

Penché sur le clavier de ses tubes, de ses petits pots, il devint le

AUTOMNE (BACCHANALE)
Projet de panneau pour une décoration de l'hôtel Bergeret
(1926)

savant compositeur, mieux, le bon alchimiste qui peut retrouver l'or par
mille et une combinaisons. L'or, c'est sa personnalité, ce sont ces inter-
valles stricts de ton et de teinte qui sont au service de son cœur.

Si sa frénésie de peintre le porte à éventrer un tube de carmin sur
la draperie d'une Galatée, par exemple, il acceptera, pour conserver à ce
carmin la virtualité qui l'enivre, toutes les conditions qu'elle imposera.
S'il faut, pour que ce rouge s'exalte au degré où il l'exige, que la mer
devienne noire, le ciel violet, les chairs cendreuses, il n'aura pas une
hésitation, pas une répugnance et se laissera mener dans le pays fécond
en surprises des transpositions, sans se débattre, sans se raccrocher à telles
teintes locales décrétées immuables séculairement. Roussel a bien appris
son métier parce qu'il a le goût du risque. C'est à
l'héroïsme qu'il doit ses pouvoirs.

On l'a vu se lancer dans des expériences d'où il
semblait miraculeux qu'il sortît; et devant le miracle
accompli, il ne parlait pas de ses dons, de son génie, il
parlait de sciences physiques avec la simplicité d'un
savant.

— Tenez, me dit-il un jour en me montrant certains
points des surfaces de différents tableaux et esquisses, voilà deux, trois,
quatre couleurs qui semblent être les mêmes; pourtant celle-ci est un noir
étendu de blanc, celle-ci est un bleu étendu de gris, cette autre est un
violet pur, est-ce croyable? Voilà la puissance des réactions!

Et la puissance du peintre tient à l'usage qu'il en fait. Roussel a
réussi toutes les expériences. Il connaît par cœur maintenant les affinités
de toutes les teintes. Il sait quelle famille d'éléments colorés servira son
idée d'une fontaine de Jouvence; quelle autre famille d'éléments servira
son idée d'un jardin des Hespérides à la dominante orangée; par suite,
nulle indécision dans la subordination des nuances n'affaiblira le sentiment à extérioriser. L'unité de l'œuvre est déjà assurée au préalable par
la palette. Y a-t-il un peintre qui atteigne plus sûrement que Roussel à
cette unité, à cette clarté de l'âme?

DESSIN A LA SANGUINE
(Facsimile)

6. — Vocation.

Il existe encore des gens férus de noblesse ou d'autorité. Il y a des auteurs et des peintres qui aiment à se réclamer d'ancêtres célèbres ou à témoigner de leur mission.

L'une des singularités de Roussel comme de Vuillard, de Bonnard, de Vallotton est de ne faire usage d'aucun titre, de n'agiter pas de drapeau, de ne se recommander ni du passé ni de l'avenir, au point que n'a pu se fixer sur eux l'étiquette de tachistes ou d'intimistes qu'on leur octroyait, et qu'on ne sait vraiment pas ce qu'ils sont, ni d'où ils sortent. Ils ne sont pas sortis d'une école. Qu'est-ce qu'une école de peinture ? C'est un lieu où des jeunes gens apprennent soit à copier un modèle, soit à réagir devant lui selon le tempérament d'un autre, leur professeur, ou selon le tempérament du maître de leur professeur, donc à ne pas réagir du tout.

Certes, il se trouve quelques élèves — et de leur nombre furent les peintres nommés, — qui sont doués d'une mauvaise humeur telle qu'ils repoussent la commodité de l'interprétation convenue. Et cette lutte contre l'enseignement est une excellente gymnastique. On ne peut donc pas dire que les écoles soient inutiles pour tout le monde. Mais elles ne sont pas fécondes non plus. Bonnard, Vuillard, Roussel, Denis, Vallotton, Sérusier, etc., ont, en quelques mois, acquis leurs répugnances à l'académie Julian, mais leur peinture est née ailleurs.

Bien des peintres entourent l'origine de leur vocation de circonstances merveilleuses. C'est souvent à la faveur d'un phénomène météorologique ou psychique que la grâce de peindre leur a été donnée. Les histoires des peintres par eux-mêmes ressemblent toujours un peu à celles d'une Jeanne d'Arc ou d'un Mahomet. Les sujets entendent toujours des voix et soutiennent d'héroïques luttes contre leur famille, la misère, l'incompréhension publique.

De tels peintres sont la providence des historiens d'art. Exceptionnellement il faut renoncer à recueillir auprès de Roussel les éléments empanachés d'une légende. La peinture ne lui a pas été révélée. Elle lui est née obscurément, hors des états civils et des baptêmes; elle lui est née humblement de l'amour puisqu'il m'a donné de sa carrière cette explication aussi éloquente que restreinte littérairement :

— J'aime beaucoup la campagne.

On n'est pas accoutumé à se contenter de genèses aussi sommaires, mais c'est peut-être un grand tort. Toute définition profonde d'un art doit être un témoignage d'amour; témoigner son amour pour la campagne n'est banal que dans la bouche des gens qui ignorent l'amour et la campagne. C'est un aveu significatif chez tout autre.

Depuis qu'il m'a dit qu'il aime la campagne, je connais bien l'histoire du peintre Roussel. Il serait né en Alsace ? Il aurait fréquenté à Paris les musées et les ateliers de peinture ?

Il est né quand il a vu la campagne et il s'est développé quand il y a vécu. Il poursuit d'ailleurs ainsi sa confession :

— J'étais à Paris avec ma femme lorsque nous eûmes notre petite

DESSIN A LA PLUME

Annette. Le médecin la jugea délicate et ordonna le grand air. Je partis le lendemain même. J'arrivai ici, justement. J'y suis toujours resté. Annette a maintenant vingt ans.

Dès son installation à l'Etang-la-Ville, il s'est mis à parcourir la campagne toute la journée. Il marchait, allait par les chemins, les sentiers, l'herbe, les vergers, les taillis, la futaie. Il errait, comme d'autres moissonnent, sans connaître d'oisiveté. Il s'emparait de tous les éléments qu'il embrassait; il ramassait le pays tout entier dans ses courses comme une gerbe. Et puis il arrivait un moment où il fallait qu'il s'arrêtât, comme on s'arrête à l'ombre pour faire un bouquet après l'ivresse de la cueillette. Il fallait qu'il s'assît et se mit à peindre, c'est-à-dire à faire ces dessins, ces pastels qui fleurissent le seuil souriant de son art.

Il y a des peintres qui s'arrêtent dans la campagne lorsqu'ils ont cherché longtemps un motif et qu'ils l'ont enfin trouvé, ou lorsqu'ils ont été sollicités, au cours de leur flânerie, par une beauté impérieuse. Mais la notion de beauté impérieuse, de beau motif, émane d'une pré-conception, donc d'un art périmé. Puisqu'on « reconnaît » un bel arrangement, c'est qu'il a déjà figuré ailleurs : au musée ou sur les cartes postales.

Roussel ne rencontrait, ne reconnaissait, ne saluait rien. Il importait donc peu qu'il s'assît à une place ou à une autre; ce qu'il avait à dire à ce moment-là, il ne pouvait pas ne pas le dire, que ce fût à propos de peupliers au bord de l'eau, ou d'arbres fruitiers en fleur ou d'une lisière de bois. Son sujet ne pouvait se vanter d'avoir été choisi; il ne pouvait que se féliciter d'avoir recueilli l'émotion du peintre. Quand il se sentait persuadé jusqu'au bord de son être par ses découvertes, Roussel prenait un coin de paysage au hasard, comme une corbeille, et il y plaçait les fleurs, cueillies ailleurs, de sa vision.

Les personnes qui ont su regarder la campagne de l'Etang-la-Ville disent qu'on la retrouve dans les dessins, les pastels, les tableaux de Roussel; mais elles ne sauraient nommer une maison, situer un arbre, ni un vallon. L'art de Roussel n'est pas pittoresque, il ne particularise pas, il ne dit pas d'anecdote, il ne fait pas de portrait, le photographe ignore toujours ses routes: s'il était écrivain, Roussel ne ferait pas de

romans à clé, ses paysages ne peuvent troubler la susceptibilité, la
pudeur, du moindre buisson.

Un jour qu'il contemplait avec moi un panorama, Roussel me dit :
« Il faudrait peindre comme on regarde. Il faudrait que le pinceau pût
poser, comme le regard la cueille, la fleur de la vision, avant que des
éléments vains et lourds ne s'immiscent en elle. »

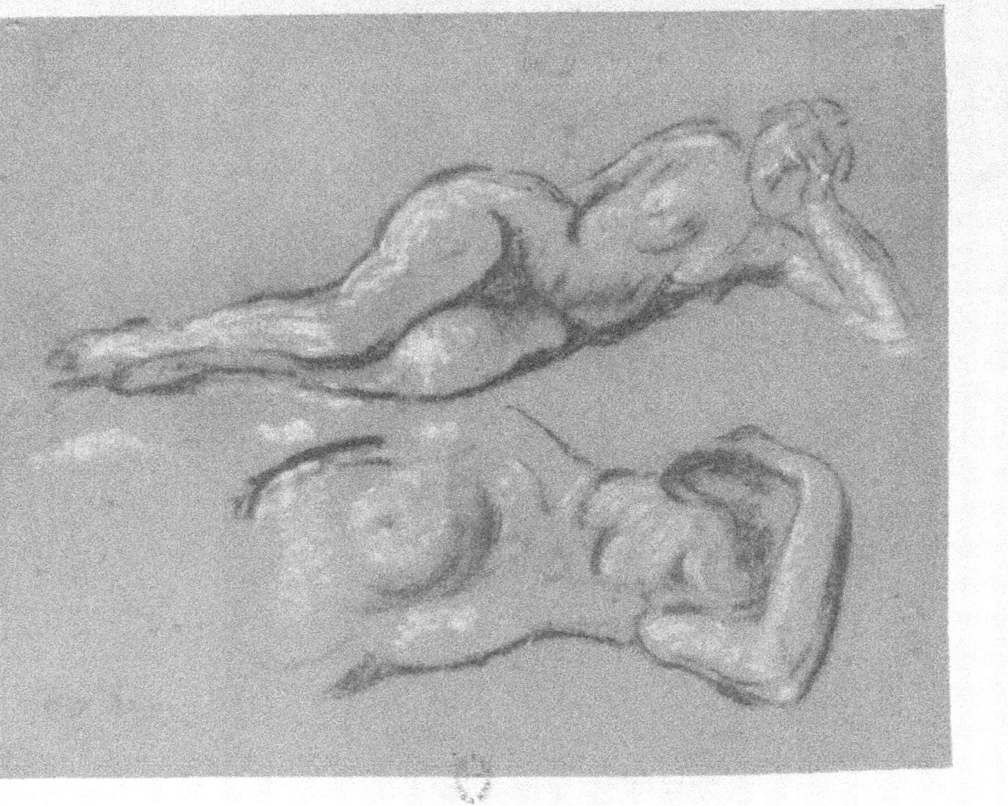

FUSAIN REHAUSSÉ DE CRAIE
(Fac-similé)

7. — Pastels.

« Il faudrait peindre comme on regarde, » a dit Roussel.

Il veut dire : aussi légèrement, aussi essentiellement; mais ce qu'il donne comme un désir, comme un souhait, est réalisé pleinement dans son œuvre. En particulier ses pastels sont peints comme il regarde. Et son regard, agile, ne se pose pas très longtemps. En suivant sans cesse la lumière et l'air il définit l'ombre et la terre : il ignore le remplissage. Le pastelliste a composé ses ciels, ses troncs d'arbres noueux, ses terrains, ses gestes de branches, comme ferait un être délié, un insecte ailé, par exemple, et l'on croit reconnaître sur le papier gris les places bleues, les places blanches où se sont étendues ses ailes, les traits noirs et bruns où se sont nouées et dénouées de grêles pattes, les places fauves où de fines mandibules ont rongé, où se sont roulés les corps annelés, où ont piétiné de petites griffes, où se sont caressées de hardies antennes.

Même lorsqu'il peindra à l'huile, Roussel gardera cette nerveuse et

voluptueuse facture issue des frottements, des écrasements des poudres
et qui le sert si bien. D'autres peintres bâtissent leurs tableaux : ils les
couvrent d'abord de frottis ou de hachures d'un angle à l'autre, non
parce qu'ils en éprouvent l'envie, mais parce que les écoles leur ont donné
des brosses faites pour appliquer de la couleur et boucher de la toile.
Qu'auraient pu faire de lourds instruments, eussent-ils été ceux de Courbet
lui-même, ces peintres déliés : Bonnard, Vuillard, Roussel ?

Un artiste à qui on fournit ses moyens, son métier, est comme un
ébéniste à qui on donnerait des outils de forgeron. En les utilisant, au lieu
de libérer sa sensibilité, il la mure. Les qualités, ou soi-disant telles, que
produisent des facilités empruntées, sont contraintes et empêchent de se
développer les qualités originales, comme une coquille épaisse étouffe le
petit poussin qui veut naître. Des peintres périssent à leur départ en accep-
tant les qualités dont on les dote. Roussel et ses frères d'art les ont refusées
parce qu'ils ont su mépriser la grimace de la force; parce qu'ils ont su
voir, à la faveur d'œuvres orientales, la possibilité d'exister, hors du
troupeau des peintres maçonnants, tels que des animaux d'espèce plus
gracile. A quoi sert de vouloir prouver le poids de la main malgré l'âme ?

— Quand un rapport est assez délicat, m'a dit un jour Bonnard,
l'œuvre sera toujours assez puissante.

Les plus légers pastels de Roussel sont les plus puissants. Il a posé le
pollen des couleurs, comme il regarde, comme il parle. Il a posé des
lumières, telles que des mots essentiels, et le papier nu, en réagissant, a
dit les autres. Ainsi, dans la conversation, les silences ajoutent, aux
expressions délicates, celles qui le sont trop pour être formulées.

Cependant, la première fois que l'on a vu des œuvres laisser entre
des traits et des taches de couleurs des espaces nets qui découvraient les
subjectiles, on a dit que c'étaient des peintures inachevées et on a dit
de leurs auteurs qu'ils se contentaient de peu. C'est comme si on disait
qu'un poète se contente de peu parce qu'il groupe quelques vers entre de
grandes marges au lieu d'écrire une épopée. Il n'a pourtant pas le même
but. Au moment où une expression est atteinte, l'œuvre est finie. Quand
une œuvre est définitive avec cent touches de couleur, si on en ajoute
mille autres, cela ne veut pas dire qu'on a été plus loin; cela signifie

DESSIN À LA SANGUINE
(Fac-similé)

que l'on a anéanti une œuvre précédente pour lui substituer une autre
œuvre constituée tout autrement.

Je ne voudrais rien substituer aux pastels de Roussel. Ils sont irrem-
plaçables et d'ailleurs complets. La série qu'inspira l'Etang-la-Ville com-
mence en 1895 et porte sur une longue période. Une petite série de
pastels et de dessins de Saint-Tropez date d'un séjour que le peintre fit en
ce point de la côte provençale pendant l'hiver 1899-1900. On y voit
s'accroître cette connaissance des terrains qui permettra au peintre de
sensuelles analogies entre les mouvements du sol et les corps des faunes;
on y voit s'enrichir le répertoire des formes végétales avec ces cistes
ronds déambulant en théories puériles; avec ces chênes-liéges dansant
par groupes, déhanchés. Tous les maigres arbustes provençaux aux sque-
lettes visibles sous les draperies des feuillages ont doté l'aspect général
de la peinture de Roussel de ce mouchetage sombre qui évoque si bien
les bois. Rudyard Kipling dirait de ce mouchetage que ce sont les bois
eux-mêmes qui l'ont imprimé sur les toiles comme ils l'imprimérent sur
la robe encore neuve et unie des tigres et des léopards venus des prairies,
et dormant parmi les jeux des ombres sylvestres pour la première fois.

Une troisième série de pastels s'exécuta en 1903 au cours d'un voyage
que Roussel accomplit en compagnie de Maurice Denis sur les bords de
la Méditerranée. Le souvenir de cette dernière récolte est particulièrement
vif chez Roussel.

— Nous allions à bicyclette sur la route de la Corniche, raconte-
t-il; nous nous arrêtions pour nous reposer; la place de notre halte était
toujours belle; c'est pendant ces haltes que nous travaillions : nous faisions
une étude le matin, une autre le soir. Je n'ai jamais été plus possédé
par ma manie.

Ce n'étaient pas la qualité de l'étude, du modèle, ou l'état de l'artiste
qui limitaient la séance. C'était, seul, le temps. Comme on remplissait
son verre jusqu'au bord, le plaisir de l'artiste emplissait l'heure de l'étude,
intégralement.

Et jusqu'au bord aussi la chimère de l'art emplissait le rectangle à
peindre. J'ai sous les yeux l'un de ces pastels-là, créature chimérique et
artificielle entre toutes. Je me nomme en vain les objets qui l'ont inspirée.

Vraiment? Ces petites flammes noires, vert olive et brunes, cet astre rose, cette voûte de velours bleu sont-ils bien la petite maison environnée d'eucalyptus que j'ai habitée? Ces rangs de nœuds de ruban noir, ornements des soies fauves drapées sur la rondeur d'un buste, seraient-ce les rayons de ma vigne en perspective sur le coteau?

L'empreinte de la personnalité est si puissante que les modèles sont transfigurés. Les traits nerveux, hardis, évoquent des tressauts d'ivresse. Ils ne me font plus penser à mon petit jardin; ils me surprennent comme des cris, des cris aigus et frêles et à chacun de ces cris que je vois il me vient à moi une larme ou un battement des mains.

ENCRE DE CHINE REHAUSSÉE DE CRAYON
(fac-simile)

8. — Représentation picturale.

Si je viens à parler de ce que représente une peinture, les peintres me prendront pour un littérateur dévoyé et me honniront. Parler du sujet d'un tableau, c'est, de nos jours, insulter son auteur; cela déclenche chez celui-ci, mentalement, à l'égard de l'imprudent critique d'art, des épithètes vindicatives.

— Voilà encore un de ces imbéciles, pense-t-il, qui croient qu'un artiste cherche à leur faire plaisir en leur apportant, pour en jouir en public, les fruits de son jardin, son site préféré ou sa maîtresse nue. S'il veut qu'on lui serve des spectacles excitants qu'il aille au cinéma ou au théâtre. Mais moi, je n'ai pas pensé à ses inclinations. Ce qui m'a inspiré mon tableau ne le regarde pas; c'est la manière dont j'ai réagi en face de ce modèle, c'est le sentiment qui, par suite, m'a porté à construire, à fabriquer une image artificielle, qui me révèle à lui et peut créer entre nous de la sympathie. Mais cette invention, ce joujou, reste aussi impropre à satisfaire les admirateurs de la nature qu'à évoquer sa

ferme aux yeux de la fermière seraient des cocottes en papier. Les
œuvres d'art ne sont pas des personnages, des animaux, des paysages, ils
sont des poupées pour grandes personnes.

Qu'une peinture ait cessé d'être une ressemblance, c'est d'ailleurs ce
qui alarme beaucoup de gens. Un tableau, — comme ceux de David par
exemple, — telle une littérature visible, imposait, à certaines époques,
les objets, avant que l'on vînt à songer qu'ils étaient peints. Au contraire
des œuvres de Roussel, Signac, Vuillard, Marquet, Redon, Luce, Louise
Hervieu, sont des pastels, des aquarelles, des encres, des crayons, des
fusains, avant d'être des paysages, des bateaux, des intérieurs, des nus,
des fleurs.

La pure poésie picturale ne doit pas permettre de distinguer hâti-
vement la représentation. Aux amateurs qui se plaindraient de ne voir
d'abord dans un cadre que des taches, festons, hachures, cabochons de
couleur, à ceux qui réclameraient à Roussel la délimitation de ses figures,
le peintre peut répondre qu'il n'a pas tracé en effet autre chose que des
signes et que c'est au spectateur de s'en servir pour créer des formes.

Les peintres ont donc bien raison de dire que le sujet ne doit pas
exister en lui-même pour le spectateur; mais ayant pris l'habitude de
nier le sujet pour le spectateur, les peintres finissent par croire qu'il
n'existe réellement pas. Ils ont l'imagination trop vive. Le sujet, au contraire, existe bien, il est même essentiel, puisque c'est lui qui a révélé les
peintres à eux-mêmes. Il est leur père, il a décidé de leur palette. La
peinture de Signac, par exemple, est née de l'eau. Celle de Bonnard,
espiègle, est née de la rue de Paris. Celle de Roussel est née de la campagne de l'Ile-de-France. Si l'on demandait à cette peinture de traduire la
sécheresse d'une grande route, ou l'acuité des angles de bâtiments d'usine,
elle ne saurait, certes, cesser d'être la savoureuse peinture de Roussel,
mais elle trahirait l'usine en nous suggérant toujours quelque chose, par
son allure, d'une végétation sylvestre. Née du contact de l'artiste avec le
sol, elle trahit de même les personnages, lesquels ne sont que la conséquence de son rythme, de son caractère, et non son but. Elle les fait sortir
nécessairement des formes déjà exprimées comme, au bout d'une tige,
éclôt la fleur, plus délicate.

LAISSEZ VENIR À MOI LES PETITS ENFANTS...
(Crayon, 1895.)

On ne peut donc dire que les personnages de Roussel soient tels qu'on
les a compris jusqu'ici. Notamment, ils ne rappellent pas, quoi qu'on
en ait dit, ces figures nues ou drapées que les peintres classiques et néo-
classiques déposent dans un paysage ennobli à leur intention, comme des
bijoux dans un écrin riche. L'art de Roussel n'a pas eu le corps humain
pour point de départ et moins encore ce corps humain que la secte reli-
gieuse grécisante considérait comme expression de l'art suprême. Certes,
les Grecs qui ont sanctifié le nu ont su, au Parthénon, se servir de
la musculature et des plis des étoffes décorativement, mais avec quel grand
respect, déjà ! Respect qui devait aboutir à ce culte, à ce dogme néfaste
pour l'art et qu'on pourrait résumer ainsi : « Un sculpteur ou un peintre
ne doit pas plus attenter à un muscle du sacré corps d'un héros, qu'un
citoyen à un cheveu de sa tête. »

Mais en Roussel sont forcenés l'irrespect et l'irréligion. S'il a emprunté
ses figures (ou plutôt le prétexte de leurs groupements) à la mythologie
grecque, c'est pour les dégager des contingences sociales; pour les rendre
si généralement humaines et sensuelles qu'elles n'apparaissent que sylvestres.

Il serait donc exact de dire qu'il n'y a pas de personnages dans les
tableaux de ce peintre. Ses faunes, ses nymphes, ce sont des arbres, des
mouvements du sol qui se sont incarnés; on le reconnaît à ce qu'il reste
encore dans leurs attitudes, à travers les formes humaines qu'ils ont
empruntées, quelque chose de la torsion des branches, de l'envolée des
ramures, du balancement des terrains dont ils sont issus. Ou, mieux, ce
sont des arbres nouveaux, plus tendres, roses, blancs, vermeils, qui, pour
qu'elles atteignissent nos sens à l'égal d'humaines mimiques, manquaient
aux sylves rousséliennes.

PETITS DANSEURS DE TAMBOUR

(1886)

EURYDICE.
(1892)

9. — Conception.

Nul ne se prive de parler de la conception de l'œuvre d'art. Il n'y a pas de mot qui soit plus généralement adopté que celui-là par la critique et qui donne à ceux qui le prononcent une idée plus avantageuse de leur intelligence. Il fait image, il est infiniment expressif, mais nul ne s'inquiète de quoi.

Quand on parle de la conception d'un tableau, cela paraît si naturel qu'on ne songe même pas à s'expliquer mieux.

Les personnes qui emploient cette belle expression ne peuvent imaginer, justement, à quel point elle est excellente en identifiant l'acte cérébral à l'acte physiologique quand il s'agit d'un tableau. Les profanes, ceux qui parlent sans cesse de la conception des œuvres, — en l'espèce le public et le critique d'art, — croient que l'artiste voit son tableau réalisé en imagination avant d'en produire la matérialité. Ils croient que, dans ses méditations, il s'adonne à l'effort d'établir mentalement une figuration idéale équilibrée, couleurs et volumes, de son sujet.

Le public ignore que c'est seulement chez les mauvais peintres

qu'existe une telle possibilité d'œuvrer immatériellement. Incapables de
réagir devant la vie, ils ont recours au musée, ou à la littérature, ou à
la photographie, lesquels meublent immédiatement leur cerveau d'objets
qu'ils n'ont qu'à rassembler, à « concevoir » en vue d'une toile. Certains
individus peuvent d'ailleurs concevoir des tableaux avec des préoccupations
d'archéologues, de photographes, de littérateurs et apporter dans la maté-
rialisation de leur sujet plagié des qualités de peintre. Ils réagissent dès
lors non en présence de la nature, mais en présence de leurs conceptions.

Par exemple, Puvis de Chavannes pouvait, à l'aide de souvenirs
grecs, modifier mentalement et de conventionnelle manière les spectacles
naturels qui s'offraient à lui, et introduire cependant, dans la réalisation
de ses peintures murales, une interprétation personnelle des Grecs et de
la nature.

Delacroix, Ingres réagissaient aussi à leur manière au contact d'œuvres
antérieures. L'histoire de la peinture est pleine d'exemples de grands
peintres qui œuvrent tantôt en littérateurs, tantôt en peintres ou en
savants. A l'exception des Primitifs, la plupart des peintres qui ont précédé
les Impressionnistes n'étaient pas de purs peintres. Cézanne, Manet,
Renoir, Pissarro étaient de purs peintres, ils n'auraient su concevoir leurs
tableaux. Ils ne connaissaient que le besoin de peindre suivi immédiatement du labeur fécond. Leur désir les portait à assaillir la toile selon
un rythme intérieur, mais c'est la toile ou du moins ce qui apparaissait
sur elle, qui menait l'œuvre, sous le contrôle de l'œil, à son développement imprévu.

Il faut se rappeler ce qu'est une séance de peinture pour se représenter les rôles respectifs. Particulièrement en présence d'un subjectile
nouveau, d'un sujet nouveau, les actes d'un artiste sont fort explicites.
C'est le groupement de ses premières touches qui donne à l'artiste, au
plus haut degré, le sentiment d'un acte naturel, de ce premier contact,
on dirait de ce premier baiser, qui crée l'ivresse et son inconscience.

Roussel dit en comparant deux de ses anciens tableaux de fleurs :

— C'est celui-ci qui doit être le meilleur, car je me rappelle encore
mon contentement de peindre, mêlé à celui de respirer le lilas et de le
regarder. Ce n'était alors qu'une même chose.

Après la féconde séance Roussel dut être troublé et peut-être surpris
autant qu'un spectateur survenu, du résultat de son commerce avec
le suave bouquet de lilas. Il a dû être attendri et rempli de curiosité
comme à la naissance d'un petit être et il pense avec raison aujourd'hui
que les circonstances heureuses de cette naissance garantirent sa viabilité.
Si les peintres savaient s'agenouiller devant leur esquisse comme devant
un enfant divin, toutes leurs œuvres seraient viables. Quand la puissance
de son émoi devant un spectacle pousse l'artiste à ces actes exceptionnels
que sont les danses de son crayon, de son pinceau ou de sa brosse, il
est déjà engagé par eux dans la voie étroite d'un ordre d'expression
nouveau. Quand il y a eu émoi, au cours du travail, il y a eu découverte.
Le génie est de savoir découvrir cette découverte en témoignant d'humilité
devant l'aspect matériel qui la contient. Le génie est de veiller sur les
informités, ou soi-disant telles, des premières taches, soit pour les affirmer
encore comme fit Cézanne, soit pour les ordonner, les résumer et les
organiser en système comme firent Seurat et les Cubistes.

En aucun cas, l'œuvre ne sort tout armée du cerveau d'un pur peintre
et l'idée picturale de celui-ci, une idée, je suppose, de formes élancées et
d'harmonie tendre, ressemble bien quant à ses proportions et à son importance à une cellule initiale, à un spermatozoaire, en activité de l'être à
venir; elle est telle qu'un noyau de couleur minuscule tourbillonnant dans
une nébuleuse d'éléments complémentaires. Rien de plus insaisissable et
de plus infime quoique d'essentiel.

C'est bien ainsi que Roussel admet la conception. Il lui faut de
l'amour devant ce qu'il observe, il lui faut le désir de recréer pour
perpétuer.

> *Ces nymphes, je les veux perpétuer...*

dit le Faune de Mallarmé.

Il faut des moyens de peindre : palette et gamme, personnels; et la
toile s'ensemence et l'œuvre se développe conformément à l'impulsion
de l'artiste, mais en dehors de lui, comme un petit bébé.

10. — Genèse des œuvres.

Les Impressionnistes n'ont pas composé de tableaux à l'atelier; ils ont peint directement, d'après les motifs et les modèles, même de grandes toiles, tel Monet.

Mais les peintres qui les ont suivis ont fait de petites études d'après nature et ont composé de plus grands tableaux à l'atelier. Plus récemment encore, les Cubistes n'empruntent à la nature que les seuls éléments visuellement sensibles qu'ils jugent être les plus impressionnants pour notre cerveau.

Roussel a peint ses pastels d'après nature, mais il compose ses œuvres de plus grande dimension à l'atelier, à l'aide d'esquisses. A ces grandes œuvres on peut reconnaître des points de départ différents.

Quand il a fait un de ses délicieux pastels d'après le printemps à l'Etang-la-Ville, ou plusieurs délicieux pastels d'après divers printemps, Roussel, dans son atelier, en songeant au printemps, pourra chercher une représentation plus significative encore de cette saison. Il fera un

choix, un résumé des expressions déjà trouvées. Il fera régner plus sou-
verainement de jeunes verdures; parmi elles il développera les formes
sveltes, les blancs rosés et verdis de la floraison jusqu'à l'envolée d'une
élégante gerbe de chairs tendres. Et ce sera la création d'un printemps
humanisé, quelque image de Daphnis et Chloé, non selon Longus, mais
selon un rosier de mai.

Au contraire, quand on commandera un panneau décoratif à Roussel,
la création violentera le peintre, car elle dérivera de considérations
extérieures à la peinture. Le problème proposé pourra être extrèmement
intéressant, il ne sera pas uniquement pictural; l'artiste, au lieu de partir
d'une émotion préalable, partira du format de l'œuvre, donné par l'architecture qui doit l'accueillir, il partira de la coloration, du caractère imposés
par la destination du panneau pour choisir ses formes et s'engager par
elles dans un sentiment adéquat.

Un panneau en hauteur provoquera, par exemple, chez le peintre,
l'idée d'un jaillissement de montagne propre à remplir naturellement le
format. Cette érection du roc impliquera à son tour, en contraste, une
cascade de couleurs et de formes que justifiera un Polyphème amplifié
par des couleurs chaudes au-dessus d'une anse aux nuances fraîches,
évocatrice de la tendresse du couple d'Acis et Galatée.

Le problème que l'architecte propose au peintre peut se compliquer
de la situation de la fresque relativement à l'œil du spectateur, à l'éclairage, à l'ambiance, comme il arriva pour le rideau du théâtre des Champs-
Elysées.

Roussel met à la solution de tels problèmes une patience inlassable.
La servitude imposée à son art le génera quant à ses préférences senti-
mentales; elle l'affranchira quant aux considérations de vraisemblance.
Un artiste qui décorerait exclusivement des murs se laisserait obséder au
préjudice de la peinture par des préoccupations trop exclusivement
architecturales, tandis que le professionnel des tableaux de chevalet serait
entrainé par la nature à ces scrupules d'imitation : proportions, perspective, etc., qui compromettent le bénéfice des inventions. Roussel, tour
à tour observateur et ornementateur, échappe aux préjugés des spécialistes;
successivement les besoins de son métier et de son imagination, en le

DANSE DE NYMPHES
(Vers 1898)

libérant, lui donneront accès aux transpositions les plus hardies, le lanceront dans le lyrisme de l'artificiel.

Un exemple de ce lyrisme pictural, bénéfice de cette liberté, est cette décoration de salle à manger que Roussel a faite pour M. Monteux. Rien de plus faux, au point de vue de l'objectivité ; rien de plus vrai transcendentalement.

En 1917 j'ai vu Roussel aux prises avec ses grandes décorations du musée de Winterthur. Devant les esquisses de quatre mètres de hauteur qui représentent de grandes figures en mouvement parmi des roches et des arbres sur un fond de mer et de grand ciel, Roussel m'apprend pourquoi il a renoncé à multiplier des personnages et des végétations de premier plan comme dans d'autres essais antérieurs.

— La disposition verticale des panneaux dont la région supérieure se situe très haut au-dessus de la tête du spectateur, de telle sorte que la perspective y réduit beaucoup les images, m'obligea, explique-t-il, à abaisser la ligne d'horizon pour éviter, soit le partage apparent des surfaces, soit la prédominance alourdissante du sol sur le ciel.

Roussel dénonce l'artificiel effet, les artificielles teintes de ces panneaux qui prétendent, cependant, malgré leur irréalité, définir un printemps, un automne, par la seule acidité et maturité des couleurs, le seul mouvement et apaisement des formes qu'elles revêtent.

— L'artificiel, dit-il, est la conséquence du refus du peintre, — d'accord avec l'architecte, — d'ouvrir de trop nombreux plans sur la surface du mur, de peur que ne s'écroule sa verticalité ; c'est le résultat de sa volonté d'évoquer une atmosphère sans ôter l'idée d'une grande surface plane. Cet artificiel est une sorte de devoir, d'honnêteté à l'égard du mur, lesquels ne peuvent en aucune manière contribuer à faire plaisir à l'artiste, de même que les conventions sociales ne peuvent, par leur vertu propre, procurer aucune jouissance à l'individu qui s'y soumet. Il me serait plus agréable, évidemment, de m'engager dans une toile, poussé par des possibilités d'accroître mon émotion en y multipliant ou en y réduisant les formes, sans autre raison que celles que déterminerait ma sensibilité. Cependant, mon sacrifice, mon acceptation d'une convention picturo-architecturale qui limite mes appétits, ne m'en fournissent pas moins un cadre dans lequel entrent des certitudes de joies. Joies dont je suis d'autant plus avide de m'emparer, d'ailleurs, qu'elles sont comptées, et ne laissent pas l'esprit en proie à l'énervement d'un choix.

Cette probité que met Roussel à accomplir ses tâches de décorateur semble d'abord devoir expliquer l'ampleur de ses préparations, car on suppose qu'à se dépouiller de ses moyens habituels pour en acquérir d'autres plus appropriées à son but, l'artiste doit perdre le temps nécessaire aux métamorphoses. De l'esquisse à la décoration, on conçoit qu'il doive multiplier les transformations et les recommencements.

Toutefois, il ne les multiplie pas moins quand il se propose de faire un tableau selon sa seule inspiration de peintre. Roussel explique cela en disant qu'il modifie ses formes pour les résumer, pour n'en laisser que ce qui est expressif précisément et en retirer ce qui est chanceux, involontaire, ce dont il faut reprendre conscience pour le dégager de l'inutile qui l'encombre et l'affaiblit. Cette méthode de Roussel consisterait donc à user de moyens qui fournissent des chances d'expression en dehors même de la volonté et de repartir consciemment de ses expressions vers une composition rigoureusement déduite. C'est-à-dire qu'il cherche l'irréductibilité de tous les éléments qu'il rassemble.

Le champ vaste de cette course à l'irréductible ce sont d'abord ces pages d'album où l'œuvre future s'amorce; ce sont encore, je l'ai déjà dit à propos de l'atelier, de grands dessins, des sanguines rehaussées, des esquisses à l'huile ou à la colle de plus en plus grandes.

Il faut remarquer que chaque fois qu'il y a changement de matière, ou changement de couleur, ou changement de dimension, il y a changement de composition. Chaque moyen a ses chances auxquelles un autre moyen peut substituer les siennes, mais dont il ne peut profiter.

Si le fusain, par exemple, permet de raréfier et de simplifier les formes parce que ses ressources en valeurs puissantes suffisent à soutenir l'intérêt, la sanguine, au contraire, poussera à multiplier ces mêmes formes, faute de pouvoir, par le seul chatoiement, créer de l'émoi. De même une peinture à la colle doit suppléer par le mouvement de la surface la profondeur que réalise la peinture à l'huile.

On sait aussi que, par le changement de format, un élément ou une

PAYSAGE DU JURA
(1900)

surface, arbre ou champ, dont la proportion était d'abord acceptable, est intolérable porté au carreau à des dimensions dix fois supérieures. On conçoit aussi qu'un changement de couleur entraîne la réduction ou l'accroissement d'un volume. En passant du noir d'un croquis à la couleur d'une petite esquisse, Roussel trouve une première raison de modifier sa composition; car, par le seul fait qu'une couleur a, par elle-même, une éloquence que le noir ne peut égaler, cette éloquence amène à changer le volume d'une figure qui, par le fait qu'elle sera orangée, n'aura plus besoin d'avoir l'ampleur de la même forme représentée en gris dans le dessin. Le rayonnement particulier à l'orangé la rendrait écrasante.

Dans la mise en œuvre de toutes les ressources picturales, le calque joue un rôle important. Sur chaque esquisse où le peintre s'est évertué, le papier transparent vient cueillir les trouvailles et va les transporter sur une surface vierge où elles donneront naissance à un nouveau tableau.

L'opération même permet de prendre conscience de la nature des découvertes et de les dégager de toute contradiction.

Le principe du calque donne lieu à un système de boutures; seulement, comme, à chaque transplantation, les rejets ne repartent pas tout à fait dans la même direction que l'arbre primitif, il arrive que le résultat final ne présente plus aucun des aspects offerts par les premières compositions.

Ainsi, telle fleur, tel iris savamment croisé éclôt bleu, qui s'annonçait pourpre ou violet. C'est une manière de jardinage, par un poète.

NYMPHES

ii. — Composition.

A propos de la peinture moderne et, peut-être, de la peinture en général, il semble que le mot composition soit à définir.

C'est la composition qui, dans les tableaux classiques, provoque l'admiration des critiques d'art. Les compositions qualifiées entre toutes de belles ont, entre elles, comme un air de famille; on dirait de petits temples, de petits monuments de même style dont on ne saurait retirer ou déplacer un volume sans éprouver un sentiment d'écroulement.

C'est pour cela que l'on dit, que Roussel lui-même dit, en comparant les œuvres classiques et la plupart des modernes que les premières sont plus complètes, procurent la satisfaction d'un objet parfait; c'est pour cela que l'on croit généralement qu'il faut, inversement à ce que fait Roussel, bâtir un tableau en noir dans des équilibres stricts rappelant les classiques et l'orner de couleurs rappelant notre entourage immédiat.

L'art de la peinture aurait pour but de décorer l'espace compris dans un cadre, et la composition classique renfermerait la science de cette décoration. Cela est peut-être exact quand il s'agit de surfaces prévues et commandées par une architecture qui leur impose son style. Mais il n'est pas sûr que, pour un tableau de chevalet, les côtés et les angles d'un rectangle doivent influencer le peintre à la manière dont un mur doit influencer un peintre de fresque.

Un tableau de chevalet n'est pas forcément ce que le concevaient les peintres de la Renaissance : un morceau de décoration détaché d'un temple. Peut-on appeler décoration un tableau de Cézanne ? Une peinture moderne n'est même pas forcément un tableau; elle peut être, selon les préoccupations distinctes de volume, de trait, de tache, un objet plus ou moins matériel ou plus ou moins abstrait, une forme d'artifice variable. Les nénuphars de Monet, la plupart des paysages de Bonnard ne sont pas des tableaux, mais des poèmes picturaux dont les limites, leurs cadres, sont des contenants, au même titre qu'à des vers, le blanc des marges.

Beaucoup de personnes déplorent la disparition du tableau, de ce tableau dont on pouvait dire tout de suite qu'il est beau parce que le peintre avait pris soin de s'assurer qu'il aurait un style avant de s'assurer qu'il aurait une expression; elles regrettent dans la peinture de Cézanne, le départ sans arabesque, proportions, directions préalables, donc sans composition, elles regrettent les nombreux engagements où Roussel ne peut limiter, d'avance, les formes dont il a fait choix.

Cependant la nature de la peinture n'exige pas qu'elle se construise du dehors au dedans comme un édifice. Une armature secourt l'architecte et gêne le peintre. La peinture expressive part d'une simple image comme d'un noyau, germe et veut se développer à son aise jusqu'à son extrême splendeur et clarté.

Roussel veut-il composer, ordonner préalablement une toile ? sa peinture s'y oppose, la puissance de sa peinture bouscule la disposition *a priori* des éléments et entraîne le tableau dans des voies imprévues.

Puis c'est l'expérience de ce premier tableau qui incite le peintre à faire une nouvelle expérience dont il espère un résultat encore plus conforme à son sentiment. Il ne compose donc pas un tableau, il fait dix tableaux vers un onzième qui le satisfera plus parfaitement.

ESQUISSE DE « VÉNUS À CYTHÈRE »
(1916)

Il dit, à propos d'une grande esquisse qu'il me désigne :

— Ce qui est exténuant, c'est de déplacer des figures de gauche à droite et de haut en bas, d'allonger les arbres ou de les rabattre, de créer d'autres figures puis d'en supprimer. Il faut que cela finisse, que l'ère des transformations soit close. Ce que vous voyez-là est définitif; je veux m'en tenir là. Quant à l'exécution, elle ne me coûte pas. Il suffit que j'aie le temps nécessaire à l'enrichissement.

Donc Roussel s'en tient là parce qu'il le veut; mais non parce qu'il juge irréductible son œuvre. Quand il voit des reproductions de ses travaux antérieurs, Roussel dit : « Que de tableaux à faire ! » comme s'il ne les trouvait pas aboutis.

Parfois il s'émeut de son inassouvissement comme s'il avait à s'en prendre aux œuvres. Mais elles ne sauraient cependant être irréductibles comme il le souhaite, qu'en vertu d'une dépendance à un signe extérieur et fixe, style ou rythme déjà établis. Lorsqu'au contraire la composition finale ne dépend que de l'âme de l'artiste, celle-ci entraîne celle-là dans ses évolutions multiples; et si cette âme est celle de Roussel où le sentiment, la sensibilité s'affinent, s'aiguisent sans cesse au cours du travail, les œuvres aussi, sans repos, palpitent, se soulèvent vers de nouveaux départs, et c'est ce qui fait leur charme, et c'est ce qui fait leur puissance expressive.

J'ai vu dans l'atelier du peintre un très beau tableau où s'amorcèrent d'abord, dispersées, trois figures de femmes; mais cette triple semence ne fut pas la première à lever; c'est, dans son voisinage, un bouquet de fleurs aux mains d'une femme qui témoigna d'abord de l'harmonie, du rythme, de l'allure expressifs du sentiment initial, lesquels, de proche en proche, se communiquèrent aux figures.

Si l'on appelle composition l'harmonie réalisée d'un tel tableau, on peut dire qu'elle est une conséquence de la peinture, qu'elle l'affirme, loin de la précéder et de la limiter.

Il semble bien que le mot composition soit à supprimer dans son acception ancienne; il se rattachait à une conception architecturale ou littéraire que nous n'avons plus. Nous ne concevons plus nos tableaux d'après nos monuments, comme les Primitifs d'après leurs églises et comme Le Nôtre concevait ses jardins d'après le palais de Versailles. Nous identifions la peinture de chaque artiste à un coin de bois qui ne dépendrait que des préférences du sol et du climat et nous appelons la grâce et la luxuriance de sa flore la personnalité de l'artiste.

Quand, au cours de ses recherches, Roussel a retenu les dimensions et les teintes du bouquet dont j'ai parlé et qu'il leur a adjoint nécessairement d'autres teintes, il a procédé comme le coin de bois. Il n'a pas composé, il a affirmé sa personnalité plus nettement.

VÉNUS À CYTHÈRE

12. — Le cas Roussel.

Personne ne peut faire l'éloge de la peinture de Roussel sans ajouter aussitôt : « Quel malheur qu'il détruise tant de ses œuvres au cours de ses recherches passionnées ! »

Car Roussel ne se contente pas de faire dix tableaux, ainsi que je l'ai dit, vers un onzième plus conforme à son sentiment; il détruit ces dix premières œuvres pour ne garder que la onzième.

De l'avis de tous les peintres, de tous les amateurs de Roussel, il détruit des œuvres capables de faire la joie de la société où il vit et qui, normalement, ne lui appartiennent plus, puisqu'elles correspondent exactement à un besoin intellectuel de ses contemporains. Il détruit des tableaux viables sous le simple prétexte de les remplacer par d'autres qui correspondent mieux à ses aspirations du moment. Ce fait apparaît tel qu'une sorte d'attentat à l'intérêt général qui doit attirer l'attention sur la nature du problème qu'offre le singulier cas de Roussel. Cet artiste a-t-il le droit

de supprimer une œuvre déjà existante et bien constituée pour lui en
substituer une autre ? La question s'est déjà posée à propos de la pro-
création humaine charnelle et a été résolue au bénéfice de la société et
des créatures contre le libre arbitre du procréateur.

Un père n'a pas le droit de détruire sa progéniture sous prétexte
qu'elle n'est pas à son gré. La société contraint les parents à accepter ce
qui leur échoit et leur discernement n'est pas reçu à notre époque. Mais
il est reçu chez les peintres d'exercer le droit de vie et de mort sur leur
progéniture.

L'anomalie de cette licence tient à ce que le problème ne se pose
pas de même pour tous les peintres. Certains produisent des tableaux
qui sont une calamité publique et dont on souhaite la prompte disparition. D'autres mieux doués, mais trop timides, se laissent influencer
diversement avant de se trouver, et il est bon que soient triées leurs
œuvres. Mais lorsqu'un peintre est parvenu, comme Roussel, à la clarté
dans l'expression de sa personnalité, toute sa production existe.

A peine peut-il produire des œuvres moins éclatantes quand il les
délaisse avant leur maturité; mais rien ne les empêche de retrouver
quelque jour à venir, sous la main qui les créa, la splendeur d'émules
plus précoces. Roussel réussit tous ses tableaux; il les réussit comme un
pied d'anémones réussit les fleurs qu'il produit. Réussir, c'est, chez un
peintre moderne, rassembler des expressions picturales nouvelles qui nous
agréent. Ainsi, chaque sorte de fleur rassemble des apparences originales
que nous avons classées. Dans l'art contemporain lorsque l'originalité
d'un peintre s'est manifestée, elle s'impose sans réserve comme une
espèce florale fixée pour toujours.

Dès lors, le rôle, à son égard, du peintre qui l'a produite, devient
celui d'un simple jardinier qui ensemence, bouture, sélectionne, greffe
pour obtenir des variétés de la même fleur, plus larges et diversement
nuancées. Certes, on admet généralement qu'un jardinier puisse sacrifier
certains de ses élèves à d'autres plus vigoureux, et cela justifierait les
habitudes destructives de Roussel; mais il est évident d'autre part que la
culture des plantes et des tableaux diffère en cela que les premières
peuvent être multipliées à l'infini par mille jardiniers au gré de leurs

SILÈNE IVRE
(Van Dyck)

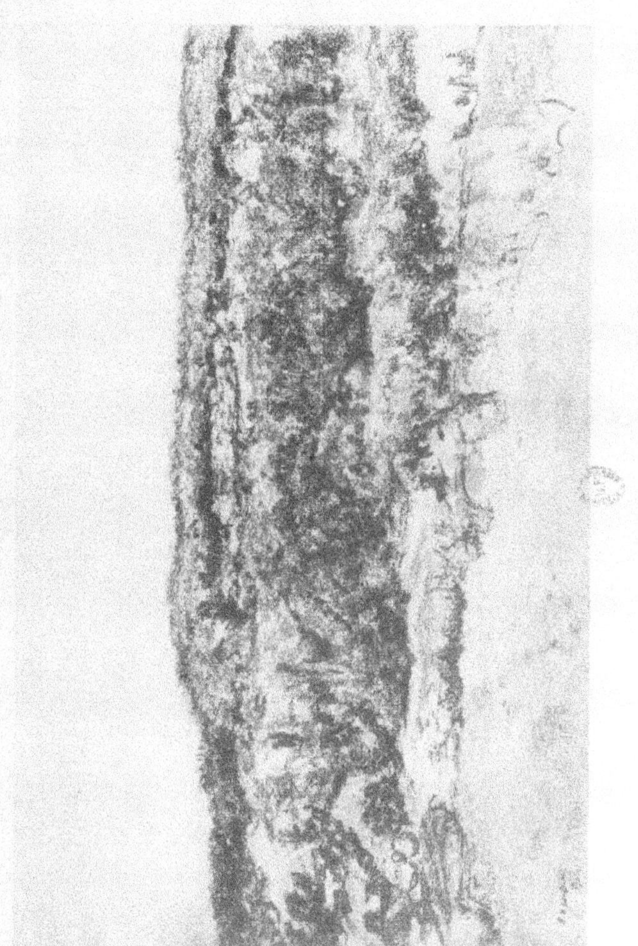

LA MONTAGNE A L'ÉTANG-LA-VILLE
(1921)

ENVIRONS DE VILLERVILLE
(Pastel, 1875.)

AMFREVILLE
(1911)

amateurs, tandis que la culture des secondes est restreinte à l'activité d'un seul.

Il reste à examiner si les actes destructifs, criminels à notre point de vue, n'exercent pas sur la production de l'artiste une action stimulante. Peut-être faire le vide sans cesse autour de soi incite-t-il à de plus ardentes actions en vue de refaire le plein; le rejet d'un arbre taillé dépasse la branche primitive. Peut-être que les destructeurs ont raison contre les lois protectrices. C'est ainsi que de l'exemple de Roussel on se trouve conduit à l'apologie du meurtre, puisque, quel que soit le nombre des œuvres ou plus exactement des chefs-d'œuvre qu'il a fait disparaître, ceux qu'il nous accorde sont si persuasifs qu'ils le font absoudre.

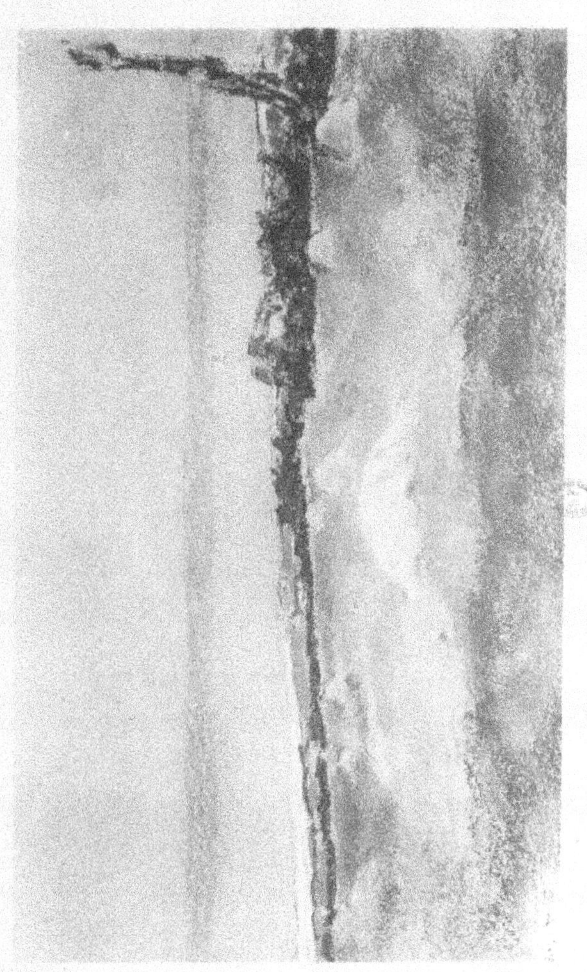

CRIQUEBEUF
1874

13. — A propos de biographie.

Au point de mon étude où je suis arrivée, on doit être surpris de la rareté des détails biographiques qui la parsèment. N'est-ce pas un livre sur K.-X. Roussel que je devais écrire? Or, un livre sur un artiste suppose ces informations copieuses et bien classées qui ne laissent rien ignorer, ni rien à expliquer du créateur et de ses œuvres au point de vue généalogique, géographique, etc... C'est cela qu'on appelle une bonne biographie, et l'écrivain ingénieux qui a bourré patiemment l'espace de la vie d'un peintre de documents relatifs à sa vie civile, militaire ou artistique, d'anecdotes divertissantes, et l'a découpé par tranches d'âge, est un bon biographe.

Peut-être que si j'avais fréquenté les ateliers, les expositions, les cafés d'artistes où il ne fréquente pas, j'aurais pu écrire une bonne biographie de Roussel. Du lieu de sa naissance : Metz; de la profession de son père, de son frère : médecins; de son lycée, de sa vie, de ses succès d'étudiant à Paris, de l'attrait de sa personne morale et physique, de son mariage avec la sœur de son ami Vuillard, j'aurais pu déduire son caractère, son œuvre, ses moindres gestes. La science du déterminisme rétrospectif est accessible à tous et particulièrement aux spécialistes qui la pratiquent dans l'éloignement de leur sujet. En 1910 ou 1912 j'aurais pu être l'historiographe de Roussel et de ses ascendants; mais si je rassemblais, à présent, des faits, si je plaçais des dates, si j'arrêtais des traits qui lui sont relatifs, j'aurais la certitude de le trahir ou de le rendre insaisissable. Après dix-huit ans de relations, en cette année 1924 je ne peux qu'expliquer pourquoi je ne saurais écrire l'histoire de Roussel.

Les premières fois où je le vis à l'Etang-la-Ville, j'avais encore des notions très nettes sur son domaine; sa personne physique et mes souvenirs de son atelier que j'ai notés plus haut, datent de cette époque. Je peux y joindre des souvenirs de sa maison, de sa famille, de son jardin. Je distinguais bien la silhouette assez large du peintre tandis qu'il descendait de son atelier très promptement à l'arrivée de ses visiteurs avec un mot, un sourire heureux, mais rapides, parce qu'il nous quittait aussitôt pour aller se débarrasser de la peinture qui le couvrait. Il n'avait le temps de nous accueillir qu'avec les yeux, ces yeux qu'il a très grands et qu'il a le pouvoir d'agrandir encore on ne sait comment pour vous dire : entrez ! de telle manière qu'on cherche si c'est par la porte ou par ses yeux.

Il nous ouvrait ses yeux en attendant que fussent libérés à notre profit sa personne et son esprit, de l'étreinte de la peinture. Et cette libération ne devait pas être facile si l'on en juge par l'extrême familiarité avec laquelle la peinture s'attachait non seulement à ses deux mains, mais à son buste et jusqu'à sa barbe et à ses cheveux.

Pour pouvoir nous parler, Roussel allait endormir sa peinture telle un nourrisson, et c'était madame Roussel qui nous installait. A son geste simple et calme il semblait que s'appuyât la maison, son ordre et sa sécurité.

Roussel sait-il qu'il habite une maison, qu'il possède un jardin ? On pourrait le croire quand il fait allusion à ses arbres fruitiers, quand il dit, des chaises de sa salle à manger : c'est moi qui les ai dessinées;

FONTAINE DE JOUVENCE
(1913)

mais ses gestes, ses allures le démentent. Il ne marche pas autrement chez lui qu'il ne marche dans la maison ou dans les champs voisins ou sur les boulevards de Paris. Son œil bleu voyage toujours au delà des cloisons et des haies quand il parle, sans qu'un retour en arrière témoigne de la méfiance jalouse du possesseur. Même lorsqu'il semble sourire à ses enfants, ce n'est pas eux que Roussel regarde, ce n'est pas à eux qu'il sourit, ni à personne; il ne sourit à la réalité matérielle d'aucun être, mais à une Annette, à un visiteur déjà recréés dans le paradis de sa pensée. J'ai dit que la pudeur d'aucun arbre, d'aucun buisson ne saurait s'offusquer des paysages de Roussel; celle de ses amis ne peut se troubler davantage des manifestations cependant ostensibles de sa tendresse, car elle ne s'adresse qu'à leur image idéalisée.

C'est pour cela que j'ai été moins sûre de l'authenticité de la présence de Roussel, de ses relations avec la vie banale chaque fois que je l'ai revu. Il se produit avec lui cet étrange phénomène que, plus on le voit, plus on l'entend, mieux on le comprend, et moins on sait sur lui de choses positives comme si les contingences de sa vie matérielle, successivement, dans une subjectivité prestigieuse s'abolissaient.

Certes, il ne le fait pas exprès : ses manières sont simples et il parle naturellement des choses et des personnes dont parle tout le monde. Mais il particularise brièvement, tandis qu'il généralise avec ampleur. Quand on vient à remarquer un objet de sa maison, quand on caresse ses chats, il se précipite vers cet objet, vers ces chats, pour protester par une appréciation à leur bénéfice de sa sympathie pour eux. Si on fait tomber dans la conversation un nom d'ami, celui de Vuillard, je suppose, il se hâte de le vêtir de quelques épithètes charmantes, de l'envelopper chaudement de quelques sourires d'une nuance si appropriée à sa cordialité qu'on dirait d'une embrassade.

Quand je fais allusion, une fois, à sa collaboration à l'« Estampe Originale » d'André Marty, il salue d'une franche lueur rose du visage le directeur sympathique et le collaborateur inquiet, car il note en passant :

— Lorsque je reçus mes premières épreuves je fus si troublé que je me mis à reprendre au pastel les images imprimées.

Aux noms de Mallarmé, de Lautrec, d'autres fois il s'élance pour

témoigner de la chaleur, de la couleur qui lui reste des après-midi de
Valvins.

— Près du pont, rappelle-t-il, je revois encore Toulouse-Lautrec se
livrant nu à des extravagances de triton. Témérité de natation, témérité
d'anatomie qui nous livraient tour à tour hors de l'eau la tête et le
minuscule derrière pointu.

Roussel aime et pratique la conversation familière sur les êtres et
objets concrets, mais il ne peut la poursuivre aussi longtemps que les
gens qui sont dans une situation commode pour cela. Aussitôt qu'il a
complu à notre désir et à son émoi, il la quitte, par des voies courtes,
pour regagner les généralisations.

Tandis que la plupart d'entre nous éprouvent alternativement la
sensation de s'élever aux spéculations mentales et de retomber au bon
fauteuil des observations directes, Roussel semble obéir à une loi de
l'attraction qui se produirait en sens opposé à celle que nous subissons.
Il s'efforce amicalement vers les individus, mais il retombe vers les
idées.

Sa conversation évoque le vol des hirondelles, qui semblent tendre
parfois vers la surface du sol, s'accrocher une seconde avec difficulté à
une aspérité de toit ou de branche avant d'être aspirées de nouveau vers
le fond des cieux.

En 1917 je vis Roussel retour de Suisse. Il était complètement rétabli
de la neurasthénie qui l'avait précédemment opprimé, mais son corps,
un peu aminci, semblait trop svelte et léger proportionnellement à sa
tête que sa large barbe et son grand chapeau amplifiaient beaucoup.
Cet extérieur était particulièrement représentatif du Roussel de cette
époque; car, tandis qu'on l'écoutait parler des événements mondiaux, il
semblait que sa hardiesse dépendît du volume de cette tête lumineuse
dont on n'eût point été surpris de voir sortir les rayons de gloire qui
parent les cerveaux divins.

Il avait une façon de parler de la grande catastrophe si désintéressée,
si extra-personnelle que cela donnait le vertige. En cet été où les Parisiens
ne pensaient qu'à assurer leur provision de charbon et ramassaient ava-
ricieusement les brindilles de bois mort dans les squares, Roussel disait :

— Ce n'est pas l'horreur physique du conflit qui m'a révolté, et ce n'est pas qu'aux victimes déjà faites, des milliers soient ajoutées ou ne le soient pas, qui changera mon opinion. Je nie dans les bouleversements sociaux l'importance de la question sentimentale. Mon chagrin seul ne m'aurait pas arraché un mot, si les événements avaient eu un sens. Mais ils n'en avaient pas. Ils ne furent qu'un accident, un accident stupide, formidable, que je voyais se précipiter sans pouvoir l'empêcher. Quand je voyais partir les hommes dans le soleil, les premiers jours d'août, leur destination m'en paraissait plus absurde, en contradiction avec la lumière éclatante, symbole de logique. J'avais envie de leur crier, ainsi qu'à des gens que l'on a égarés et qui vont se faire écraser par erreur, sans profit pour personne : « N'allez pas par là ! » C'est de ne pouvoir, comme il arrive dans les cauchemars, libérer ce cri, qui m'a mis dans cet état douloureux de prostration dont ma santé a souffert longtemps.

Je me rappelle une matinée où j'étais arrivée dans son atelier à 10 heures devant les grandes esquisses qu'il faisait en vue de la décoration du musée de Winterthur. Il parla des exigences de la peinture murale, il parla du frais enthousiasme pour l'art français moderne du groupe d'amateurs suisses qu'il fréquentait. Il évoqua une Suisse de cette époque-là, plus tumultueuse que son relief même, en me décrivant la diversité d'altitudes des mentalités qu'on y trouvait alors. Il me peignit une France ornée des spiritualités les plus fines parmi des masses trop ignorantes, mais où ne se rencontrent pas de moyens d'action pour ces êtres très évolués; il me dressa une Allemagne mieux outillée pour s'engager dans des voies nouvelles, mais qui fut paralysée à l'heure critique par son horreur de la Russie tsariste. Roussel parla de tout ce qu'il découvrait du point élevé où son esprit s'était placé, et le panorama était si vaste, qu'il mit trois heures à m'en faire remarquer circulairement les reliefs, sans que l'idée du repas de midi ou toute autre considération d'ordre pratique vînt amoindrir l'urgence de ce voyage spéculatif.

L'intellectualité de Roussel est telle, sa cérébralité est si active, si permanente, que s'annulent absolument sous leur influence les circonstances auxquelles nous sommes habitués à nous raccrocher pour nous mouvoir :

le temps, les distances, les obligations sociales, les convenances, les situations, les commodités. L'idée prime tellement quand on est avec lui, qu'on n'est plus très sûr qu'autre chose existe, du moins dans le sens où on l'entend habituellement; on vient à croire plutôt que tout ce qu'on touche est l'effet de l'imagination, une distraction des sens, un spectacle esthétique, tandis que les idées générales émises dans la conversation règnent à la manière d'impitoyables météores desquels l'être dépend immédiatement. Il m'est arrivé de traverser, avec Roussel causant, tel carrefour de Paris encombré d'autos sans aucune affre des effleurements de leur course, tant leur grossière actualité me semblait fragile, vaine, relativement à notre entretien dégagé de l'accidentel.

Un jour qu'on parlait du peintre H.-E. Cross, cet autre merveilleux cérébral, Roussel dit à propos de ses derniers jours qu'il avait pu converser avec lui tout en lui épargnant les pitoyables et humiliants mensonges en usage. Et je ne suis pas étonnée qu'il y soit parvenu. Si quelqu'un peut arriver à désintéresser un individu de sa mort, en égarant sa chair dans l'universalité des choses, c'est bien Roussel. Toutes les questions de philosophie, de sociologie autant que les questions d'art l'attirent; il est de ceux auxquels rien d'humain n'est indifférent.

Je lui parlais une fois des nègres, et il me dit qu'il en avait rencontré à Marseille, pendant la guerre, en chemin de fer et en tramway et qu'il avait été surpris à leur vue des légendes qui courent sur leurs inaptitudes.

— Par le fait que je pouvais conjuguer étroitement les courbes de leurs gestes, les nuances de leurs sourires, les degrés de leurs affirmations ou de leurs négations avec les miens et ceux de mes compatriotes, me fut tout de suite dénoncée l'absurdité des propos banals.

S'alimentant dans le passé comme dans l'heure actuelle, la curiosité de Roussel s'amuse aussi à ressusciter les personnages historiques; mais alors même qu'il citera, par exemple, son Plutarque, relu avec intérêt, il dégagera toujours ses observations des formes pédantes, livresques. A travers le temps et l'espace, c'est son œil de peintre qu'il promène, cet œil si fin qu'il perce toutes les conventions sociales vers la vérité.

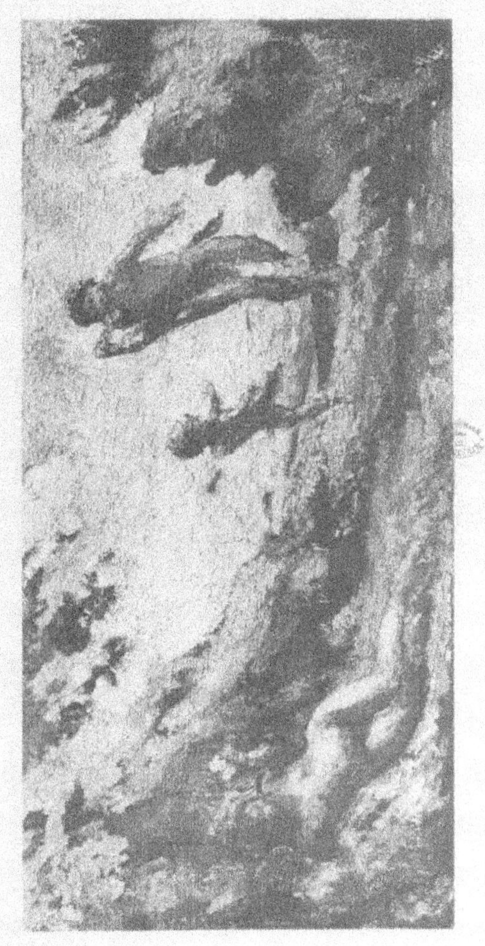

ESQUISSE DU « PARADIS DE MAHOMET »
(1898)

14. — Personnalité.

J'ai quelquefois cité Roussel au cours de cette préface; mais les phrases que je lui ai attribuées ne sont qu'une traduction de ses paroles en langue vulgaire. Je n'ai pas su les écrire telles que je les ai entendues. Il n'y a que Roussel qui pourrait les écrire. Et tel petit pastel où la même envolée de légères touches dispersées fait ici des terrains, là des fonds, plus haut des feuilles par la seule délicatesse des tons, donnerait une plus juste idée de la conversation de Roussel que les textes où je l'ai traduite, car il est vrai qu'on la voit plutôt qu'on ne l'entend. Quand il arrive qu'on ne comprend pas une explication, c'est justement qu'on n'a pas su, tandis qu'il parlait, s'il fallait écouter sa parole ou la regarder. On ne sait pas ce qu'elle va faire. Elle hésite, s'éprouve, redouble les mots initiaux avant de laisser jaillir l'expression. On dirait d'un oiseau qui bat des ailes avant de prendre l'essor, d'un pinceau qui se gorge de couleur avant de s'ébattre sur la toile, et c'est vraiment d'une couleur aérienne qu'elle s'arme à tous ses départs.

Il y a des personnes qui reprochent à la conversation de Roussel son aspect aérien; ce sont les mêmes qui reprochent à sa peinture de ne pas présenter d'arêtes, de contours délimités. Ce sont des personnes qui ne savent pas reconnaître la nature d'un art. Ce que la critique reproche aux artistes est ce qui constitue leur génie. Il est à remarquer qu'elle admet les créateurs tout en faisant des réserves sur leurs défauts. Mais s'ils s'abstenaient de ces « défauts », la critique, fort inconséquente, ne mentionnerait même plus leurs œuvres réduites à leurs soi-disant qualités.

C'est parce qu'il n'a pas à discuter, à combattre, que Roussel n'a pas affaire de moyens oratoires. Il est à remarquer qu'il ne dit jamais non. Ou la parole de son interlocuteur l'enchante ou elle l'étonne et seulement alors, il s'arrête, hésite, parce qu'il cherche une possibilité d'embrasser votre opinion et ne la trouve pas encore.

Le bonheur de ce causeur est de mettre en contact deux idées, de les laisser s'aborder, se mêler et d'attendre ce qui en résultera d'après ce que chacune pourra gagner au contact de l'autre; le bonheur de ce peintre est de mettre en contact deux formes, deux tons, jusqu'à ce qu'ils s'épousent. D'autres artistes séparent les objets, expriment leur antagonisme, leurs contrastes en notant les réactions de chaque côté d'une frontière; Roussel peintre ou causeur n'accuse pas d'angles, comme firent Pascal ou Cézanne, parce qu'il n'exprime que des baisers. Il est remarquable que ses formes visibles ou auditives se précisent en un point lumineux pour s'estomper ensuite, se dissoudre dans un ciel ou dans un sourire, si bien que le plus souvent les extrémités de ses personnages, les conclusions de ses aphorismes disparaissent, et que le discours ou le tableau va, palpitant, sans chute ni point, toujours suspendu comme le vers de Verlaine, « soluble dans l'air », « sans rien en lui qui pèse ou qui pose ».

Quand on observe la fluidité de l'expression, chez Roussel, on trouve qu'elle emprunte ses caractères aux aspects du feu. Le développement des formes offre des dispersions violentes, des enroulements en volutes qui évoquent des flamboiements.

Flamboiement, mouvement, danse ! La surface entière d'une œuvre de Roussel n'est que mouvement. Mouvement vertical, comme une flamme

FONTAINE DE JOUVENCE
1878

libre, de corps dressés pour une étreinte; mouvement oblique, comme
une flamme chassée par le vent, de torses penchés à la course; mouvement
de groupes dansant; danses de terrains immobiles, d'arbres, d'herbes, et
de groupes même au repos. Intense, essentiel est le mouvement dans l'art
de Roussel, mais aussi indécomposable dans ses phases que les danses
de l'air au-dessus des blés mûrs aux midis de juillet.

Cette qualité du mouvement, ce degré de chaleur qu'on perçoit aussi
bien dans quelques centimètres carrés d'une toile que dans sa surface
totale, dans une intonation, dans un geste, aussi bien que dans une longue
conversation de l'artiste, c'est cette personnalité à laquelle nous donnons
chaque jour plus de prix. Et son importance ne pourrait se prouver
mieux qu'à propos de Roussel. Plus encore qu'on ne la voit, chez lui, on
la touche, puisqu'elle est de nature brûlante et telle, à l'œuvre entier, ce
que l'étincelle est au feu.

ESQUISSE POUR UNE FONTAINE DE JOUVENCE
1892

HYLAS (MYTHOLOGIE)

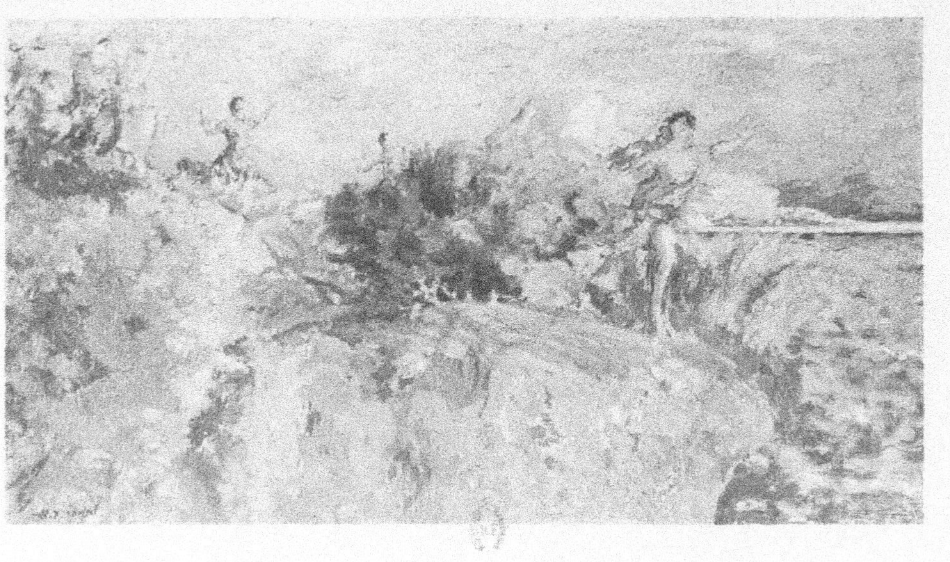

NYMPHE SURPRISE PAR UN CENTAURE

Table des Matières

ACHEVÉ D'IMPRIMER
LE 5 SEPTEMBRE 1927

FAC-SIMILÉS ET PHOTOTYPIES DE DANIEL JACOMET
TYPOGRAPHIE DE MODERNE IMPRIMERIE
CLICHÉS BERNHEIM-JEUNE

Les titres et le dessin de la couverture, le portrait de
Madame Lucie Cousturier, les dessins qui ornent le
texte (têtes de chapitres, culs-de-lampe, vignettes), ont
été exécutés spécialement pour cet ouvrage par
K.-X. Roussel.

www.ingramcontent.com/pod-product-compliance
Ingram Content Group UK Ltd.
Pitfield, Milton Keynes, MK11 3LW, UK
UKHW020258180726
13839UKWH00001B/333